L'AMIRAL ROUSSIN

PAR LE VICE-AMIRAL

JURIEN DE LA GRAVIÈRE

DE L'ACADÉMIE FRANÇAISE
ET DE L'ACADÉMIE DES SCIENCES

OUVRAGE ACCOMPAGNÉ DE QUATRE CARTES
ET FAC-SIMILE D'UNE LETTRE DU VICE-AMIRAL GANTEAUME

APPENDICE

ARMAND BUCHET DE CHATEAUVILLE
MAILLARD DE LISCOURT

PARIS

LIBRAIRIE PLON

E. PLON, NOURRIT ET Cie, IMPRIMEURS-ÉDITEURS
10, RUE GARANCIÈRE

1888

Tous droits réservés

L'AMIRAL ROUSSIN

(ALBIN-REINE)

L'auteur et les éditeurs déclarent réserver leurs droits de traduction et de reproduction à l'étranger.

Cet ouvrage a été déposé au ministère de l'intérieur (section de la librairie), en octobre 1888.

PARIS. — TYPOGRAPHIE DE E. PLON, NOURRIT ET Cie, RUE GARANCIÈRE, 8.

LES GLOIRES MARITIMES DE LA FRANCE

L'AMIRAL ROUSSIN

PAR LE VICE-AMIRAL

JURIEN DE LA GRAVIÈRE

DE L'ACADÉMIE FRANÇAISE
ET DE L'ACADÉMIE DES SCIENCES

OUVRAGE ACCOMPAGNÉ DE QUATRE CARTES
ET DU FAC-SIMILE D'UNE LETTRE DU VICE-AMIRAL GANTEAUME

APPENDICE

ARMAND BUCHET DE CHATEAUVILLE
MAILLARD DE LISCOURT

PARIS

LIBRAIRIE PLON

E. PLON, NOURRIT et Cⁱᵉ, IMPRIMEURS-ÉDITEURS
RUE GARANCIÈRE, 10

1888

L'AMIRAL ROUSSIN

(ALBIN-REINE)

CHAPITRE PREMIER.

LES RÈGLES DE TIR DE 1828 ET LES EXERCICES DE 1840.
LE RESPECT DE LA PROPRIÉTÉ PRIVÉE SUR MER.

Il en est des bâtiments comme des hommes : les uns ont le mauvais œil ; les autres pourraient s'appeler des porte-bonheur. La *Bayonnaise*, que j'ai eu l'honneur de commander pendant près de quatre ans dans les mers de Chine, est revenue de sa longue campagne sans un échouage ; de son état-major sont sortis trois vice-amiraux et un contre-amiral. La *Sémillante* a fait mieux encore : elle a donné à la France deux amiraux : l'amiral Roussin et l'amiral Baudin.

L'amiral Roussin a beaucoup écrit ; il n'a pas, comme l'amiral Baudin, laissé de mémoires. Les journaux de bord qui m'ont été confiés par son fils, le vice-amiral baron Roussin, mon filleul, pourraient au besoin y suppléer. Je possède heureusement une mine plus féconde encore : les longs entretiens dont l'illustre amiral daigna m'honorer dans les dernières années de sa laborieuse et glorieuse existence ont gravé dans mon esprit des souvenirs tellement vivaces, qu'il me suffira de les évoquer pour retracer, aussi sûrement que si j'y avais assisté moi-même, les épisodes les plus mémorables de ces croisières de l'Inde où le pavillon français retrouva un instant son vieil éclat.

Pendant cette période toute remplie de hauts faits, deux noms, — on ne saurait le contester, — dominent de très-haut tous les autres. Duperré et Bouvet sont vraiment hors de pair. La marine de Louis XVI n'a rien vu qui les surpasse. Il serait cependant injuste de vouer à l'oubli les combats des Linois, des Hamelin, des Bourayne, des Bergeret, des Motard. C'est surtout aujourd'hui du capitaine Motard, l'heureux commandant de la *Sémillante,* que je veux m'occuper, car Motard fut le maître de deux disciples bien dignes de devenir des maîtres à leur tour. Pour égaler les Bouvet et les Duperré, il ne manqua peut-être au capitaine Motard — c'était du moins l'opinion de l'amiral Roussin — qu'un peu plus de persévérance. Je ne serais point étonné qu'il lui ait manqué aussi les admirables canonniers formés, sous le regard vigilant du commandant de la *Bellone,* par les soins assidus d'un officier dont l'amiral Baudin et l'amiral Roussin m'ont vanté à l'envi la capacité : le capitaine Mourgues, de l'artillerie de marine.

J'entrais à l'École navale au mois d'octobre 1828 ; voici les règles de pointage que nous enseignait le vieux maître canonnier du vaisseau *l'Orion :* « Si vous vous trouvez à trois encablures de l'ennemi, — c'est-à-dire à six cents mètres environ, — visez en plein bois ; en dedans de trois encablures, pointez dans l'eau ; au delà, dirigez votre ligne de mire vers la mâture. » La ligne de mire était alors pour nous le *ras de métal ;* en d'autres termes, la surface supérieure d'une bouche à feu renflée à la culasse, amincie à la volée. Quand on avait mis le ras de métal en ligne avec l'objet à battre, l'axe de la pièce se trouvait en réalité pointé au-dessus du but. Prolongé indéfiniment, cet axe eût, à six cents mètres, abouti plus haut que le point visé. Mais on sait que, en s'échappant de la pièce, le boulet, sollicité par la pesanteur, s'abaisse graduellement vers le sol. Cet abaissement correspondait assez exactement, pour un canon tiré avec la charge au quart, à la quantité dont l'axe était surélevé : à trois encablures, la courbe décrite par le projectile venait couper la ligne du ras de métal prolongé. Ce point d'intersection imaginaire s'appelait le *but en blanc*. Voilà pourquoi notre vieux maître canonnier nous recommandait, si nous jugions l'ennemi à cette distance, de viser directement sur le point que nous voulions atteindre. Étions-nous plus rapprochés, la chose lui semblait au fond de peu de conséquence : les boulets qui manqueraient la coque du navire auraient toujours la chance d'aller ravager la mâture. Tout boulet, au contraire, qui tombait à l'eau, était pour lui un boulet perdu. Le malheureux ! il oubliait les ricochets. Quand la mer était belle, — et c'est généralement par belle mer qu'on combat, — le ricochet, dans le tir à boulets ronds, valait le coup de plein fouet. Il n'en est pas de même avec les projectiles ogivaux, qui ont des ricochets insensés.

Saccager la mâture ! Le dépositaire religieux des vieilles traditions de la République et de l'Empire ne sortait pas de là. Le navire se balance de droite et de gauche dans ses mouvements de roulis ; c'est en quelque sorte un tir au vol qu'il s'agit de prati-

quer. « Tirez toujours quand le navire se relève »,
nous répétait avec conviction notre mentor. Ces
beaux principes ont été, pendant plus de vingt ans,
la cause de nos revers. « Comment donc, me de-
mandera-t-on sans doute, s'y prenaient les Anglais
pour arriver à un meilleur résultat? » Les Anglais,
en fondant leurs pièces, laissaient au milieu de la
volée un léger excédant de métal, — une masse
de mire. — Leur ras de métal devenait ainsi une
ligne parallèle à l'axe. Ils ne visaient pas mieux
que nous; seulement ils visaient plus bas. Il n'en
fallut pas davantage pour qu'ils nous massacrassent.
Le mal que peut faire un faux principe est incalcu-
lable. On a vu le capitaine Épron, capturé sur la
Piémontaise par la frégate anglaise le *San-Fiorenzo*, reprocher à ses canonniers « d'avoir tiré
comme des ânes [1] ». Les canonniers auraient pu
répondre : « Nous avons tiré comme on nous l'a
enseigné. » Pareil mécompte s'est produit dans le
combat de la *Didon* et du *Phénix*. Le commandant Milius était un des meilleurs manœuvriers de

---

[1] *Voyages et combats,* par Eugène Fabre, sous-directeur au ministère de la marine, 1886. Excellent ouvrage dont je ne saurais
trop recommander la lecture. Jamais les archives de la marine
n'avaient été fouillées avec autant de conscience, de patience et de
fruit.

l'époque : il passa plusieurs fois à poupe de la frégate anglaise sans parvenir à mettre un boulet à
bord.

Je ne crois pas que le capitaine Mourgues ait
réformé, sur la frégate *la Bellone,* des idées généralement admises. Les canonniers qu'il mit tous ses
soins à instruire ne tirèrent probablement pas plus
juste; ils tirèrent du moins plus vite. Les capitaines
de la *Bellone* et de l'*Iphigénie* firent le reste : ils
combattirent l'ennemi vergue à vergue. Dans un
combat à brûle-pourpoint, les erreurs de tir dispa-
raissent. Quand les canonniers s'arrachent des
mains les refouloirs et les écouvillons, il est bien
permis de considérer les hausses comme un luxe
inutile. Le ministre Decrès demandait au capitaine
Bouvet le secret de ses éclatants triomphes. « Je
préfère, répondit ce héros modeste, recevoir la
première volée de l'ennemi; cela vaut mieux que
de tirer le premier de trop loin. Je fais ordinaire-
ment diriger toutes les pièces en belle et à l'horizon. Lorsque je me trouve en bonne position, je
pointe toute ma batterie avec le gouvernail. » La
bonne et simple tactique! Appréciez-en la valeur à
ses effets. La frégate anglaise l'*Africaine* est réduite,
le 10 septembre 1810, par l'*Iphigénie* : sur quatre

cents hommes qui composaient, au début du combat, son équipage, soixante-neuf seulement sont trouvés en état d'être transportés prisonniers à bord de la frégate du commandant Bouvet. « Les hommes sur l'*Africaine* étaient pilés comme dans un mortier. » Le 7 février 1813, c'est l'*Aréthuse*, commandée par le même capitaine, par le vainqueur du 10 septembre 1810, qui combat l'*Amelia* : la frégate de Sa Majesté Britannique compte, en moins d'une heure, cent quarante et un tués et blessés. Bouvet n'avait pas cependant cette fois à sa disposition, comme sur l'*Iphigénie*, les canonniers de la *Bellone*. Son équipage était en majorité recruté à la source où nous puisons nos soldats : il comptait plus de laboureurs que de marins. C'était, en un mot, un de ces *équipages de haut bord* que venait de fonder, avec les dernières levées de la conscription, le ministre Decrès, à court de matelots. Mais le proverbe que j'ai souvent cité sera toujours vrai : « Tant vaut l'homme, tant vaut la terre. »

Nous avons aujourd'hui des hausses parfaites, graduées pour toutes les distances et pour toutes les vitesses; nous avons, grâce aux étoupilles à friction, un tir instantané : au temps de l'Empire, on ne possédait même pas de batteries à silex. Un des servants mettait le feu à la charge avec une mèche soufrée : le navire avait le temps de rouler deux ou trois fois d'un bord à l'autre avant que le coup partît. Aussi, quand je parlais à mon père et à l'amiral Roussin de nos préoccupations modernes, de nos inventions qui commençaient à peine à poindre, tous deux me répondaient encore, en 1833, par un sourire de dédain, sinon d'incrédulité. Toutes ces minuties, pensaient-ils, étaient bonnes pour le plancher des vaches.

Rien de plus difficile à des hommes de métier que de rompre avec le passé, surtout quand ce passé fut glorieux. Les novateurs, d'ailleurs, ne tombent pas toujours juste : les Anglais, après la guerre de 1778 à 1783, furent un instant sur le point d'abandonner leurs doctrines pour s'approprier les nôtres. On les vit s'émouvoir, bien à tort assurément, des avaries causées par notre tir illogique à leurs mâtures. Quel service leurs *arithméticiens* nous auraient rendu, s'ils étaient parvenus à les convaincre! Le général Douglas, le premier, fit intervenir avec succès la science dans la question. Il est vrai que sa science n'était pas purement théorique : elle avait pour base une longue et judicieuse série d'expériences.

Au moment où le général publiait le résultat de ses recherches, les Américains venaient de donner aux Anglais une leçon qui appelait les méditations des hommes les plus infatués de la supériorité britannique. En 1830, la crainte d'une nouvelle guerre envahit le monde; la période de 1830 à 1840 devint dès lors, dans toutes les branches de l'art militaire, dans la marine surtout, une période de progrès. Nous suivîmes d'abord d'assez loin, entraînés par l'exemple que nous avions constamment sous les yeux, nos alliés, qu'une vieille habitude nous faisait encore appeler nos rivaux; puis tout à coup nous les dépassâmes. Nous dûmes cet invraisemblable avantage, ce succès de surprise, à un homme : à l'amiral Lalande. Ame de feu dans un corps chétif, l'amiral Lalande nous rappela ce que nous semblions — si étrange que l'aberration paraisse — toujours prêts à oublier : l'importance d'un tir exact et rapide. Il remit les exercices d'artillerie en honneur, se fabriqua des hausses, acheta de la poudre, au lieu de peinture, sur « les fonds du détail et sur les économies de légumes verts », réussit, en un mot, à inspirer à ses canonniers une confiance à laquelle il n'a manqué que l'occasion pour imposer à jamais silence aux sceptiques.

1.

Des sceptiques! il y en eut longtemps; il en existe peut-être encore. Quand on prend l'histoire pour base de son raisonnement, il importe — la chose est évidente — que l'histoire ne soit pas défigurée. Pourquoi avions-nous été vaincus? Toute la question était là. « Parce que nous tirions mal », disaient les uns; « parce que nos gabiers ne valaient rien », prétendaient les autres. La promptitude avec laquelle les Anglais savaient, dans l'intervalle de deux engagements, réparer leurs avaries, nous avait, en mainte occasion, ravi la victoire. Les Anglais revenaient à la charge voiles hautes; ils nous retrouvaient démâtés. Toute une école partait de cet argument. Elle entendait qu'on fît passer le *matelotage* avant le canon. Notre inscription maritime nous fournissait sans doute quelques fins matelots, les meilleurs matelots du monde, au dire des Américains, qui nous les empruntaient souvent. Seulement, de ces fins matelots formés par la navigation au long cours, nous n'en possédions guère. Nos rivaux pouvaient, avec une satisfaction secrète, dire de cette élite ce que nous disions nous-mêmes, en Espagne et en Portugal, de leur solide infanterie : « Heureusement, il n'y en a pas beaucoup. » Tel est le sérieux motif qui nous fit, durant de longues années d'escadres, attribuer aux exercices de manœuvre un rôle prépondérant. Changer les vergues et les mâts de hune, enverguer et déverguer les voiles, occupait presque exclusivement nos loisirs. L'amiral Lalande ne négligea pas ce point intéressant; il ne lui subordonna pas le reste. Son ambition portait haut : il aspirait ouvertement à disputer aux Anglais, non pas dans la guerre de course, mais dans la grande guerre, dans la guerre d'escadre, une suprématie séculaire. Je doute, en vérité, qu'il y fût parvenu : on n'en doit pas moins lui savoir un gré infini d'avoir ouvert son âme à de telles espérances. Notre marine reçut des fiévreux exercices de 1840 une impulsion dont les heureux effets se font sentir encore.

La guerre de course ! l'amiral Lalande l'avait pratiquée, vers la fin de l'Empire, sous d'excellents maîtres. Il n'en était pas resté partisan : j'en ai gardé, de ses enseignements, le dégoût. Maintes fois, dans notre détresse navale, nous y avons eu recours : sous Louis XIV, après la bataille de la Hougue; sous la République, après la funeste journée du 13 prairial et le combat plus désastreux encore de l'île de Groix. Nous prîmes alors des vaisseaux marchands par centaines; nous perdîmes peu à

peu nos derniers vaisseaux de guerre. Nous n'arri-
vâmes pas à ruiner l'Angleterre : nous désarmâmes
la France pour des siècles. Du 1er février 1793 à la
fin de l'année 1795, nos croiseurs enlevèrent plus
de deux mille navires de commerce aux Anglais.
Cette période nous apparaît-elle comme une période
prospère? Jamais la misère ne fut plus grande en
France, le dénûment plus complet dans nos arsenaux. Les pontons britanniques regorgeaient de
prisonniers, et ce fut de notre impuissance cruellement démontrée que jaillit la première idée d'une
descente en Irlande ou en Angleterre. A la reprise
des hostilités en 1803, nous expédiâmes un vaisseau et quelques frégates dans l'Inde. Le dommage
qu'en éprouva la grande compagnie qui s'était
assuré le monopole du trafic de l'extrême Orient
nous fit un instant illusion. Il suffit aux Anglais de
rassembler, en 1810, vingt-cinq mille soldats et de
les débarquer sur les côtes de l'île de France pour
anéantir en quelques jours cette terrible marine de
course à laquelle, sa vitesse l'eût-elle soustraite au
désastre, auraient désormais manqué des refuges et
une base d'opérations.

Le respect de la propriété privée sur mer, respect qui, aujourd'hui, avec les nouveaux moyens de

destruction, s'impose, est destiné, je n'en disconviens pas, à profiter aux faibles bien plus encore qu'aux forts : les forts cependant ne pourront pas, en dépit de leurs répugnances, s'y refuser. Tout s'enchaîne. A quoi bon neutraliser les canaux de Suez et de Panama, s'il est permis d'en interdire l'entrée et la sortie aux navires de commerce? Laissez le champ de bataille à ceux qui font métier de se battre; ne demandez aux autres que de s'interdire, sous peine de se voir traités en pirates, le transport de la contrebande de guerre. Il y aurait, d'ailleurs, un moyen bien plus simple encore de résoudre la question. Je parlais tout à l'heure de la nécessité de neutraliser le canal de Suez, de neutraliser le canal de Panama, de neutraliser sur mer la propriété privée [1] : je voudrais, si la chose était seulement possible, qu'on neutralisât aussi l'Angleterre. Qu'ont à voir les Anglais dans nos luttes de terre ferme? Ils ne possèdent même plus le Hanovre, et ce ne sont pas eux qui défendront la Belgique ou la Hollande.

[1] Voyez la préface de l'ouvrage que j'ai publié récemment sous ce titre : *Les Corsaires barbaresques*. E. Plon, Nourrit et Cie, éditeurs.

CHAPITRE II.

L'ESCADRE DU CONTRE-AMIRAL LINOIS. — UN FILS DE
SUSPECT ET UN FILS D'OFFICIER BLEU.

En 1803, par malheur, l'Angleterre et la France
en étaient revenues aux sentiments de la guerre de
Cent ans. A peine la paix d'Amiens est-elle conclue
que le premier Consul, inquiet, ombrageux, bon-
dissant sous l'incessante piqûre des pamphlets que
vomissent chaque jour les officines anglaises, laisse
entrevoir au général Decaen, son représentant,
son vice-roi à l'est du cap de Bonne-Espérance,
« la grande gloire qui prolonge la mémoire des
hommes au delà des siècles ». Aux dépens de qui
le capitaine général des possessions lointaines
qu'une paix, fruit de l'épuisement universel, vient
de nous rendre, pouvait-il acquérir cette gloire que
je reconnaîtrai volontiers très-enviable? Il est inutile
de le demander. Un vaisseau de 74, *le Marengo*,

trois frégates, — la *Belle-Poule*, l'*Atalante*, la *Sémillante*, — deux transports, onze cents hommes de troupes, partent, au mois de mars 1803, pour les mers de l'Inde, sous les ordres du contre-amiral Linois. Le capitaine Motard commande la *Sémillante* depuis le mois de juillet 1802. L'enseigne de vaisseau Roussin embarque sur cette frégate le 24 décembre de la même année. L'enseigne de vaisseau Baudin viendra l'y rejoindre au mois de janvier 1807.

Entre l'enseigne de vaisseau Baudin et l'enseigne de vaisseau Roussin, il existe une différence capitale. Le premier entra dans la marine avec une éducation achevée, soutenu par les nombreuses et puissantes sympathies que lui léguait son père ; le second fut littéralement le fils de ses œuvres. Né à Dijon le 21 avril 1781, fils d'un procureur au parlement de Bourgogne, le jeune Albin-Reine Roussin fut emporté par la tourmente révolutionnaire vers des parages où il semble qu'aucun tourbillon n'aurait jamais dû le jeter. On ne s'étonnerait pas qu'il eût été tambour comme Victor ou Biala ; il fut mousse, et on l'envoya en cette qualité à Dunkerque. Il obtint à ce prix, nous assurent ses biographes, la liberté de son père, arrêté dans un temps où l'on arrêtait tout le monde[1]. Il quitta la maison paternelle à l'âge de douze ans, sans appui, sans argent, sachant tout juste lire et écrire. S'il devint amiral, ministre, ambassadeur, il ne le dut qu'à lui-même, à la force de sa volonté. Mousse à Dunkerque, sur la batterie flottante *la République*, du 21 décembre 1793 au 19 mai 1794; novice sur le convoyeur *la Chiffonne*, du 20 mai au 14 juillet 1794; matelot-timonier sur

[1] Les archives départementales de la Côte-d'Or ont conservé l'ordre d'arrestation du père de l'amiral, — Edme Roussin, procureur au parlement de Dijon. — On m'assure qu'elles n'ont pas gardé trace de l'ordre d'élargissement. A Dijon, comme dans le reste de la France, l'année 1793 et la première moitié de 1794 furent marquées par les plus horribles excès. La Convention y dépêcha Léonard Bourdon et Bernard de Saintes. L'intervention de ces proconsuls était superflue : la société populaire dominait déjà la ville et le département tout entier. « Elle faisait tout trembler, dit le député Calès, envoyé comme pacificateur à la fin de 1794. Corps administratifs, citoyens, districts voisins, tout était soumis à ses lois, et trois ou quatre hommes lui en donnaient à elle-même. » Le maire, que ses partisans, fiers de ses prouesses, nommaient entre eux « le petit roi de Dijon », professait qu'« en temps de révolution il n'y a plus de loi ». La guillotine était en permanence sur la place du Morimond; les prisons regorgeaient de prévenus. Pour les vider plus vite, on prit le parti d'envoyer à Fouquier-Tinville des charretées de détenus. Rien n'égale le cynisme des mandats d'arrêt. On en trouve comme celui-ci : « Il sera arrêté et sa femme, s'il en a une. » Les terroristes appelaient la gendarmerie, le bourreau et le prévenu en même temps. Ils assistaient aux exécutions en cérémonie, précédés d'un tambour. C'était, on le voit, la mise en pratique de cette phrase sinistre : « Qu'avez-vous besoin d'en savoir si long? Le nom, la profession, la culbute, et voilà le procès terminé. »

la frégate *le Tartu*, du 9 août 1794 au 15 décembre 1796, sur le vaisseau *le Trajan*, du 16 décembre 1796 au 25 janvier 1797, pendant la triste expédition d'Irlande; sur le lougre *la Fouine*, du 3 février 1797 au 15 septembre 1798; en congé, du 16 septembre 1798 au 17 août 1801, le jeune Roussin, dans un concours public ouvert à Dunkerque, conquit de haute lutte, le 29 thermidor an IX — (16 août 1801), — le grade d'aspirant de première classe. Quarante ans plus tard, je l'entendais encore en remercier les leçons gratuites d'un professeur d'hydrographie qui trouvera difficilement son pareil, M. Petit-Genet.

Nous sommes une nation démocratique : notre jeunesse, notre âge mûr se consument à subir des examens. Nous avons pris exemple, non pas sur les Américains, mais sur les Chinois : sans compter le germanisme, qui, peu à peu, nous pénètre. Le mandarinat saisit la nouvelle génération dès l'enfance. De petits mandarins tournent la broche dans les cuisines ou tirent la ficelle quand les vieux mandarins vont chasser les alouettes au miroir. N'est-ce pas une raison de plus pour rendre la science aimable et facile? Ce qu'il y avait de vraiment admirable dans la préparation de la jeunesse sous

l'ancienne monarchie, — la tradition s'est perpé-
tuée jusque sous le premier Empire, — c'était, si
je puis m'exprimer ainsi, la naïve bonhomie de
l'enseignement. Le professorat y respirait l'amour
de l'élève. Aussi quels hommes nous ont formés
les Rollin, les Bezout, les Monge! A mon entrée à
l'École navale, j'ai rencontré un de ces maîtres,
tout à la fois profonds, sincères et bénévoles : il
eût fait pénétrer les mathématiques dans une cer-
velle de marbre. Et c'était, en effet, à de dures cervelles, à des cervelles de matelots, que, vieux
professeur d'hydrographie, il consacra, durant
plus d'un quart de siècle, ses leçons. Nous ne le
possédâmes que pendant quelques mois. Le bon
père Rochat emporta dans la tombe son secret.

L'aspirant de première classe Roussin fut embarqué du 17 août au 7 décembre 1801, sur le
bateau canonnier n° 11. Ce bateau canonnier faisait
partie de la première division de la flottille de la
Manche, réunie sous les ordres du contre-amiral
La Touche-Tréville. Du 8 décembre 1801 au 25 février 1802, un autre bateau canonnier, le n° 12, eut
l'honneur d'avoir pour capitaine le futur amiral de
France. Le 4 août 1802, c'est sur la corvette *la
Torche*, commandée par le capitaine Déhen, que

Roussin embarque sa fortune naissante. Il commande le quart, obtient de nombreux témoignages de satisfaction, et est enfin promu enseigne de vaisseau le 1ᵉʳ avril 1803. Le voilà enfin officier ! à vingt-deux ans ! ce n'est pas trop tôt. A cet âge-là, dans l'armée, on était général. Mais qui sait si Roussin eût voulu échanger son modeste grade pour des honneurs qui l'auraient éloigné de la mer? Embarqué, peu de temps après sa promotion, sur la *Sémillante,* le monde entier n'était pas trop grand pour lui. Il allait voir l'Inde! Tous les touristes de nos jours connaissent l'Inde et la Chine; ce n'est plus la peine, en vérité, d'être marin. Au temps où Roussin vivait, la passion des voyages, l'amour de l'inconnu ne se satisfaisaient pas aussi aisément. Ce fut avec un transport de joie que l'enseigne de vaisseau de la *Torche* apprit qu'il était appelé à servir sur un bâtiment destiné aux expéditions lointaines et sous les ordres d'un capitaine dont la réputation était déjà faite dans la marine.

Le capitaine Motard n'avait pas eu l'éducation complète et variée du lieutenant Baudin. Je doute qu'il ait jamais appris le latin et le grec. Il était cependant au nombre des jeunes gens notoirement favorisés par le sort. Le ciel lui accorda la singulière faveur de faire son apprentissage sous une tutelle amie. Il lui aplanit les premiers pas. Son père, mort à Honfleur le 24 juillet 1793, capitaine de vaisseau du 1er janvier 1792, fut du nombre de ces « officiers bleus » parmi lesquels la Convention, après la proscription ou la dispersion du « grand corps », recruta sa marine. François-Paul-Pierre Motard, fils de Guillaume et d'Anne Fleury, avait été baptisé à Honfleur le 30 juin 1733. Il devint successivement : matelot à 15 livres par mois, le 19 mars 1755 ; aide-pilote à 30 livres, le 17 mars 1757 ; premier pilote à 50 livres, le 15 octobre 1758 ; lieutenant de frégate, le 1er octobre 1780 ; chevalier de Saint-Louis, le 14 juin 1784 ; sous-lieutenant de vaisseau, le 1er mai 1786 ; capitaine de vaisseau enfin sous un autre régime, le 1er janvier 1792. Il avait fait la campagne de Québec sur le vaisseau *l'Entreprenant,* du 19 mars au 8 octobre 1755. Passé successivement du vaisseau *le Sphinx* sur le vaisseau *le Sceptre*, dans l'escadre de M. de Kersaint, et du *Sceptre* sur le *Courageux,* il commandait, en 1764, un navire de commerce, *la Jeune-Gentille,* navire armé de six canons et monté par dix-huit hommes d'équipage. Un chebeck de vingt-huit canons, sorti de Salé, captura la

Jeune-Gentille après deux heures et demie de combat. Motard reçut, dans cet engagement, cinq coups de sabre et plusieurs coups de massue. Il demeura trois ans esclave en Barbarie. En l'année 1780, nous le retrouvons capitaine du corsaire *le Stanislas*. Il soutient sur ce bâtiment, en vue d'Ostende, un combat de trois heures et demie, combat pendant lequel il est encore atteint de trois coups de feu. Ne vous avisez pas d'être corsaire, si vous n'avez pas la vie dure. A cette occasion, le Roi envoie à Motard une épée d'honneur. Après une telle marque de l'attention du souverain, le capitaine du *Stanislas* se trouvait naturellement désigné pour prendre rang parmi les vaillants officiers auxiliaires dont les services sont inscrits dans nos fastes à côté de ceux d'une brillante et belliqueuse noblesse. En 1781, le lieutenant de frégate Motard commande la chaloupe canonière *la Martinique,* chargée de l'escorte des convois; en 1785, la flûte *le Canada;* en 1787, un vaisseau-ponton, stationné sur la rade de Cherbourg, *le Triton;* en 1790, la corvette *le Vanneau.* En 1791, le flot de la révolution le soulève comme tant d'autres : le ministre lui confie un vaisseau de ligne, *le Brillant.* C'est plus assurément que son ambition n'a jamais rêvé.

Voltaire et les encyclopédistes, les « droits de l'homme » surtout rapportés du nouveau monde, lui ont, avec la banqueroute imminente et les généreuses illusions de la noblesse, frayé le chemin.

Dès le mois d'avril 1786, un autre Motard, — Léonard-Bernard, fils de François-Paul-Pierre et de Madeleine Faucon de la Couture, — né à Honfleur, le 27 juillet 1771, promet à la marine un serviteur non moins précieux et non moins utile. Les débuts de Léonard seront plus faciles que ceux de son père; nous verrons aussi son nom acquérir plus d'éclat. Léonard entre dans le grand corps par une porte laissée entr'ouverte. Il n'est pas matelot; il ne saurait, vu l'obscurité de sa naissance, aspirer à l'honneur d'être garde-marine : il sera, comme le fut mon père dans l'expédition de d'Entrecasteaux, admis sur les vaisseaux du Roi en qualité de volontaire. Ce n'est qu'après sept années de service à la mer, et toujours la révolution aidant, que Léonard-Bernard Motard est nommé, le 1ᵉʳ avril 1793, enseigne de vaisseau aux appointements de 1,200 francs. Il sert alors sous les ordres de son père François Motard, à bord du vaisseau *le Brillant*. Il y exerce même les fonctions de « lieutenant en pied ». Le lieutenant en pied était, à cette époque, le commandant en second du bâtiment.

En 1794, le 21 décembre, Bernard Motard, livré à ses propres forces, a obtenu le grade de lieutenant de vaisseau, avec les appointements de 3,300 fr. Beaux appointements! s'ils étaient payés. Du *Brillant*, Motard est passé sur le vaisseau *l'Heureux* : il y occupe le poste d'officier de manœuvre. L'*Heureux* fait partie de l'armée navale de la Méditerranée aux ordres du vice-amiral Martin. Motard assiste et prend une part des plus honorables aux combats du 16 mars 1794 et du 11 juin 1796. On le cite déjà comme un officier instruit. Les officiers instruits, en 1796, étaient plus rares que les officiers braves. Motard est resté imbu des traditions de la grande époque : les amiraux s'empressent de l'attirer dans leur état-major. Sur le *Tonnant,* il est, en 1796 et en 1797, lieutenant-major de la troisième escadre ; sur l'*Orient* et sur le *Guillaume Tell,* il accompagne Brueys dans sa belle campagne de l'Adriatique. Le 1er mai 1798, la République lui confère le grade de capitaine de frégate. « Lieutenant-adjudant en chef » — en d'au - tres termes, sous-chef d'état-major — de l'armée qui va porter Bonaparte en Égypte, Motard dirige à Malte le débarquement des troupes au nord de l'île.

Devant Alexandrie, il préside à une opération plus délicate encore. Il jette, au milieu des brisants, le général en chef et le premier détachement de soldats sur la plage du Marabou. Au combat d'Aboukir, il reçoit deux blessures. C'est une tradition de famille. L'*Orient* saute : Motard sort de l'explosion vivant.

Recueilli sur un débris enflammé par les Anglais, le lieutenant-adjudant est renvoyé en France sur parole. En 1799, il est échangé : libre, par conséquent, de reprendre du service et de retourner à de nouveaux dangers. Ses aptitudes semblaient le vouer aux fonctions de chef d'état-major. L'amiral Ganteaume réclame son concours. Nous le trouverons aux côtés de cet officier général à bord du vaisseau *l'Indivisible,* dans la campagne qui amena la prise du vaisseau anglais le *Swiftsure* et de la frégate le *Success :* plus tard, quand viendra la paix d'Amiens, Ganteaume emmènera encore ce fidèle compagnon à Saint-Domingue. « Nous suivions son étoile », est devenue la devise de Ganteaume depuis le jour où il ramena, sur la frégate *le Muiron,* Bonaparte d'Égypte [1]. Motard ne suivit

---

[1] Voyez à la fin du volume la lettre du contre-amiral Ganteaume, conseiller d'État, au citoyen Émériau, préfet maritime du VIe arrondissement.

pas jusqu'au bout l'étoile de Ganteaume, et sa gloire n'y a rien perdu. Le 15 juillet 1802, il obtenait le commandement de la frégate *la Sémillante;* le 23 septembre 1803, le grade de capitaine de vaisseau. La grande carrière, celle où l'on travaille pour soi-même, lui était ouverte.

CHAPITRE III.

LA MÉFIANCE SALUTAIRE.

La *Sémillante* portait le nom de frégate : nous l'appellerions aujourd'hui une corvette. La *Bayonnaise* eût été assurément de force à lui prêter le côté. Les frégates, au temps des guerres de la République et du premier Empire, se divisaient en deux classes : les plus fortes étaient armées de quarante-quatre pièces du calibre de 18; les autres, de trente-deux pièces du calibre de 12. La *Sémillante* appartenait à la seconde classe. Elle était, par bonheur, douée d'une marche tout à fait supérieure. Cet avantage lui permit de parcourir impunément, pendant près de six ans, les mers de l'Inde. Du 24 décembre 1802 au 16 mai 1808, Roussin partagea sa fortune.

Le 6 mars 1803, l'escadre de l'Inde, commandée par le contre-amiral Linois, composée, comme nous l'avons dit, du *Marengo,* de la *Belle-Poule,* de l'*Atalante,* de la *Sémillante* et de deux transports, quitte la rade de Brest. Sa mission apparente est des plus simples : le premier Consul charge le général Decaen, embarqué sur le *Marengo,* de reprendre possession des établissements que la guerre nous avait ravis et que le traité d'Amiens nous restitue. Un violent coup de vent sépare la frégate *la Belle-Poule* de l'escadre. Cette excellente marcheuse apparaît la première sur la rade foraine de Pondichéry : elle y mouille le 16 juin 1803, cent deux jours après son départ de Brest.

Les Anglais ne rendent pas facilement ce qu'ils ont pris, — les Gladstone ne se rencontrent pas chez eux tous les jours ; — l'horizon politique, du reste, était à l'orage. Le lieutenant du général Decaen, embarqué sur la *Belle-Poule,* réclamait la remise de la factorerie qu'il venait occuper : on lui opposa des difficultés inattendues. Le 5 juillet arrive de Bombay sur la rade de Cuddalore, rade située à une vingtaine de milles au sud-ouest de Pondichéry [1], l'escadre anglaise du vice-amiral Rainier. Un vaisseau de 74, le *Tremendous ;* deux vaisseaux de 64, le *Trident* et le *Lancaster ;* un vaisseau de

[1] Voyez, dans l'ouvrage intitulé : *L'amiral Baudin,* la *carte de la mer des Indes, du cap Comorin à l'océan Pacifique.*

50, le *Centurion;* trois frégates, la *Concorde,* la *Dédaigneuse,* le *Fox,* sont ainsi en mesure de prêter, quand il le faudra, leur appui aux scrupules du commandant anglais de Pondichéry.

Le 11 juillet, au matin, la *Belle-Poule* est rejointe par le *Marengo,* par l'*Atalante* et par la *Sémillante.* L'escadre anglaise, dès ce moment, se rapproche : elle mouille à mi-chemin, entre Pondichéry et Cuddalore. Le contre-amiral Linois envoie son capitaine de pavillon, le commandant Vrignaud, saluer l'amiral anglais, l'inviter en même temps à déjeuner pour le lendemain. Cette fois, il sera facile de s'entendre : les pouvoirs dont le général Decaen est muni ne sauraient laisser aucun doute.

L'amiral Rainier accepte l'invitation : la corvette le *Rattlesnake* vient de rallier; elle portera l'amiral devant Pondichéry. Le 13, au point du jour, à la grande surprise des Anglais, on n'aperçoit plus, ni en rade ni au large, un seul navire français. L'amiral Linois et ses vaisseaux ont disparu. L'escadre est partie nuitamment, sans bruit, laissant derrière elle non-seulement ses ancres, mais ses chaloupes mouillées sur leurs grappins. Que s'est-il donc passé? Comment expliquer un acte si peu en harmonie avec la courtoisie habituelle à notre nation? Ce qui s'est passé? Quelque chose assurément de grave. Le 12 au soir, à la tombée de la nuit, à six heures, est arrivé de France le brick *le Bélier*. Ce brick apporte le message adressé, le 8 mars, à son parlement par le roi d'Angleterre. L'amiral Linois n'en a pas demandé davantage : il a compris sur-le-champ que la guerre était inévitable, imminente, et, sans croire nécessaire de prendre congé de l'amiral Rainier, il fait route à cette heure pour l'île de France. Qui pourrait blâmer sa prudence? Ce ne sont pas, à coup sûr, ceux qui se souviendront des nombreuses captures faites par l'escadre de l'amiral Cornwallis aux atterrages de Brest, plusieurs jours avant l'ouverture officielle des hostilités [1].

Le 13 juillet au soir, le transport *la Côte-d'Or* jetait l'ancre à son tour sur la rade de Pondichéry. Le vaisseau *le Centurion* et la frégate *la Concorde* vinrent mouiller à portée de ce bâtiment. Le 15, aux premières lueurs de l'aube, la frégate *la Belle-Poule*, détachée par l'amiral Linois à Madras, reparut devant Pondichéry. Une frégate anglaise, la *Terpsichore*, l'accompagnait. Voyant la rade

---

[1] Voyez, dans les *Souvenirs d'un amiral*, t. II, p. 3, la prise de la frégate *la Franchise*, par une escadre anglaise.

occupée par une escadre anglaise, n'y retrouvant plus l'escadre de l'amiral Linois, le commandant de la *Belle-Poule*, le capitaine Bruilhac, conçoit à l'instant des soupçons. Il laisse la *Terpsichore* prendre son mouillage, échange des signaux avec la *Côte-d'Or* et fait voile au large. La *Côte-d'Or* appareille. La *Terpsichore* lève immédiatement son ancre. Le transport s'éloignait; elle lui appuie la chasse, l'atteint le 16, au point du jour, et lui intime l'ordre de rétrograder. Le commandant de la *Côte-d'Or* ne tient aucun compte de l'injonction. La frégate lui tire quelques coups de canon. Le transport amène ses couleurs et suit, sans plus de résistance, la *Terpsichore* au mouillage. Le capitaine a suffisamment constaté la violence qui lui est faite. La réparation concerne maintenant un gouvernement qui n'a guère l'habitude de souffrir qu'on manque à son pavillon.

Le vice-amiral Rainier, instruit de l'incident, ne ratifie pas cet acte d'une hostilité qui se démasque trop tôt. Il autorise le transport français à faire route pour l'île de France; seulement, pour n'avoir pas à craindre que ce bâtiment, à bord duquel trois cent vingt-six soldats ont pris passage, aille débarquer ses troupes sur quelque point des possessions anglaises, il le fait escorter jusque sous le parallèle de deux degrés nord par la frégate de Sa Majesté Britannique la *Dédaigneuse*.

Je m'arrête un instant pour tirer la moralité de cet épisode. Le droit maritime est encore rempli de doutes et d'obscurités. La tradition orale l'emporte souvent sur les commentaires des jurisconsultes. Dans l'état présent des choses, la méfiance est un devoir. Les rades neutres elles-mêmes ne sont pas contre des attaques inopinées, une garantie suffisante. Bien en prit aux bâtiments russes, que la guerre de Crimée trouva, en 1854, dans les mers de Chine, de n'avoir pas attendu le courrier d'Europe pour vider les lieux. Ce courrier leur aurait apporté tout à la fois des journaux et des coups de canon.

CHAPITRE IV.

Le message du 8 mars fut suivi du message du 16 mai. Celui-là était catégorique : on le connut à Madras le 3 septembre. Il ne précéda que de dix jours la déclaration de guerre. Vers la fin de septembre, la corvette de vingt canons *le Berceau,* commandée par le capitaine Halgan, arrive de Brest à l'île de France. Les bruits inquiétants, déjà parvenus aux oreilles du général Decaen, sont confirmés. Depuis le 16 août, la division de l'amiral Linois était mouillée au Port-Louis, port situé au nord-ouest de l'île. Le Port-Louis a subi de fréquents changements de nom. Nous lui conservons son nom historique. Si nous l'appelions le port Napoléon, il nous faudrait aussi appeler l'île Bourbon l'île de la Réunion, et l'île de France l'île Maurice : nous ne nous en sentons pas le courage.

Quand donc nous déferons-nous de ces puérilités indignes d'une grande nation? Le second Empire nous a, sous ce rapport, donné une leçon excellente : il s'est noblement abstenu de faire la guerre aux étiquettes.

Les destinées de la France et de la république batave étaient, en 1803, si étroitement unies, que la sécurité des Indes néerlandaises nous intéressait presque autant que celle de nos propres colonies. Gardée à l'île de France, l'escadre de l'amiral Linois l'aurait bientôt affamée : il était urgent d'envoyer cette puissante force navale chercher fortune au dehors. Le général Decaen voulut, avant tout, l'employer à renforcer la garnison insuffisante de Batavia. Le 9 octobre 1803, le *Marengo*, la *Belle-Poule*, la *Sémillante*, le *Berceau*, firent route vers le détroit de la Sonde. Le commerce anglais ne soupçonnait pas encore le danger qu'il courait; les plus riches cargaisons traversaient les mers de l'Inde sans escorte. La campagne de Linois commençait sous les plus heureux auspices; plusieurs navires marchands furent capturés dès le premier jour. La *Comtesse de Sutherland*, entre autres, vaisseau de quatorze cents tonneaux, était une prise à ne pas échanger contre un galion.

Les Anglais possédaient alors à Bencoulen, sur la côte occidentale de l'île de Sumatra, un comptoir où le trafic du poivre leur procurait d'immenses profits. La brusque apparition de l'escadre française à l'entrée de la baie surprit une foule de navires marchands et de chalands à l'ancre. Quelques-uns se réfugièrent dans une baie voisine; la *Sémillante* les y suivit et expédia ses embarcations à terre sous les ordres de l'enseigne de vaisseau Roussin. La destruction devint ainsi complète. Huit gros navires, trois magasins remplis d'épices, de riz, d'opium, furent incendiés: un trois-mâts et deux bricks richement chargés reçurent un équipage de prise et allèrent rejoindre la *Comtesse de Sutherland* à l'île de France. Le dommage causé à l'ennemi en cette occasion est évalué, par les documents les plus sérieux, à 12 ou 15 millions de francs. La rade de Bencoulen était défendue par une batterie : le feu de cet ouvrage n'arrêta pas un instant la division française; la *Sémillante* seule eut deux hommes tués par un boulet.

Après un début de si bon augure, on pouvait tout espérer d'une croisière qui devançait très-probablement les nouvelles d'Europe. Le moment où la flotte de Chine allait quitter Canton approchait.

Quel désastre pour la cité de Londres si cet opulent convoi venait à tomber en nos mains! La perte d'une bataille aurait fait fléchir moins sûrement les fonds publics. Le 10 décembre 1803, l'amiral Linois mouillait sur la rade de Batavia. Il y débarque ses troupes, s'approvisionne de six mois de vivres, et, accompagné d'un brick de guerre hollandais, *l'Aventurier,* franchit le détroit de Gaspar [1]. Posté à l'entrée du détroit de Singapour, il y attendra le passage de la flotte partie de Canton. Les allures des flottes de la Compagnie des Indes, commandées par le régime des moussons, étaient si régulières, si bien connues à Batavia, que l'amiral Linois ne pouvait mettre en doute le succès de son embuscade. Le 31 janvier 1804, en effet, le commodore Nathaniel Dance, officier de la Compagnie, appareillait de Canton pour l'Europe avec seize vaisseaux jaugeant en moyenne de treize cents à quinze cents tonneaux, navires à deux batteries présentant à distance toute l'apparence de vaisseaux de guerre. La batterie haute, la seule qui fût armée, portait de vingt à vingt-six canons du calibre de 18, et dix caronades du même calibre; l'équipage le plus

---

[1] Voyez, dans l'ouvrage intitulé : *l'Amiral Baudin,* la *carte de la mer des Indes, du cap Comorin à l'océan Pacifique.*

faible comptait au moins cent quarante hommes, lascars et Chinois, il est vrai, compris. N'y avait-il pas là une force suffisante pour tenir en respect tous les corsaires du monde, si l'on en devait rencontrer, par hasard, sur la route?

Le commodore Dance en jugea ainsi. Se fiant au courage et à l'expérience de ses capitaines, vieux praticiens des parages qu'il allait traverser, il ne réclama de la marine de guerre, prête à lui offrir ses services, nulle escorte. Onze *country-ships*, un trois-mâts de Botany-Bay, un autre trois-mâts sous le pavillon du Portugal, complétaient cette masse imposante de vingt-neuf voiles. Un brick de guerre, appartenant à la Compagnie, éclairait la route. Le 14 février 1804, à huit heures du matin, le rocher de Pulo-Aor restant à l'ouest-sud-ouest, un des vaisseaux de la Compagnie signala quatre voiles dans le sud-ouest. Ces quatre voiles étaient le *Marengo*, la *Belle-Poule*, la *Sémillante* et le *Berceau*. Depuis trois semaines, l'amiral Linois se tenait aux aguets dans ces parages, tantôt croisant sous voiles, tantôt mouillé à la hauteur de Pulo-Aor.

La brise était faible, le temps brumeux : les vigies du *Marengo* aperçurent les premières la

flotte anglaise. Le *Marengo* était alors à l'ancre :
il appareilla sur-le-champ.

Bientôt on peut compter les navires ennemis.
L'amiral ne s'attendait pas à les trouver si nombreux.
Les bâtiments neutres qu'il a visités annonçaient
tous le rassemblement à Canton de vingt-quatre
navires de la Compagnie. Comment s'expliquer
qu'on en rencontre trente? La flotte marchande
se serait-elle, au dernier moment, rangée sous
la protection d'une escadre? Les Anglais, à cette
époque, avaient des escadres partout. La distance
qui sépare les deux groupes courant l'un vers
l'autre diminue à vue d'œil : le temps ne s'éclaircit
pas. Le brouillard, on le sait, a le don de gros-
sir les objets, de les défigurer. Il faut longtemps
frotter les verres de ses lunettes pour distinguer,
dans ces conditions, un vaisseau de la Compagnie
d'un vaisseau de guerre. Si le commodore Dance
eût manqué de sang-froid, si, à l'aspect de cette
force inattendue, il se fût troublé, s'il avait dispersé
ses vaisseaux, pris chasse, dans l'espoir de sauver
les meilleurs marcheurs, il était perdu. Sa bonne
contenance le sauva. Dance prit au sérieux la flotte
de « la vieille lady »; il la rangea d'abord sur une
seule ligne de file, comme une armée navale qui

se met en bataille ; puis en détacha quatre vaisseaux avec le brick *le Gange,* prescrivant à cette division de se porter résolûment au-devant de l'escadre française. Quant à lui, suivi du gros de ses forces, il continua sa route, — non pas en homme qui fuit, mais en homme qui attend, — sous une voilure modérée.

A la tombée de la nuit, l'amiral Linois se trouvait presque à portée de canon des derniers vaisseaux du commodore Dance. Des impétueux auraient attaqué sur-le-champ, mais Dance pouvait se replier sur son arrière-garde, prendre ainsi dans l'obscurité l'escadre française entre deux feux. Il fallait, avant tout, savoir à qui l'on avait affaire. Linois jugea plus sage d'attendre le jour. N'oublions pas que nous sommes ici en présence d'un des plus vaillants officiers de l'armée française, d'un chef qui vient d'immortaliser son nom par le magnifique combat d'Algésiras. Avant de blâmer sa circonspection, demandons-nous d'abord si nous avons ses services. Tout paraît clair, facile, n'exigeant qu'un peu de décision, quand les événements sont tombés dans le domaine de l'histoire, quand on s'isole surtout de ce sentiment, aussi lourd que la pierre de Sisyphe, « la responsabilité ».

L'escadre française a pris le plus près et se tient au vent, à très-petite distance de la queue de la flotte anglaise. Dance met en panne et conserve ses bâtiments en ligne, les feux allumés, les hommes couchés aux postes de combat. L'attitude n'est pas encourageante pour Linois : l'amiral français profite de la nuit pour conférer avec ses capitaines. Dance expédie l'ordre aux *country-ships* de forcer de voiles et d'aller se placer par le bossoir sous le vent des vaisseaux de la Compagnie. Le 15 février, au lever d'un soleil encore pâle et voilé, les deux escadres se retrouvent en panne. Toutes deux arborent presque simultanément leurs couleurs.

On sait que la flotte anglaise est restée partagée, comme au temps du duc d'York et du prince Rupert, en trois escadres. L'escadre blanche prend poste à l'avant-garde; l'escadre rouge compose le corps de bataille; l'escadre bleue forme l'arrière-garde. Chacune a son pavillon qui la distingue des deux autres. Elle le porte dans toutes les mers et dans toutes les missions. Ce pavillon, en effet, n'est pas affecté au bâtiment même; c'est le pavillon de l'officier général qui commande. L'ancienneté, cette grande loi de la marine anglaise, fait successivement passer les officiers généraux de l'escadre bleue à l'escadre blanche, de l'escadre blanche à l'escadre rouge. Le pavillon à queue rouge demeure le pavillon national par excellence; la marine marchande n'en connaît point d'autres.

« Quand la peau du lion est trop courte, il y faut coudre un lopin de celle du renard. » Admirons ici la féconde astuce du commodore Dance. Si tous ses vaisseaux arborent le même pavillon, on ne supposera pas que la flotte de la Compagnie navigue sous la protection d'une escadre de guerre. Il n'y a pas d'amiraux de l'escadre rouge dans les mers de l'Inde. Trois des plus gros vaisseaux, par ordre du commodore, ont hissé le pavillon à queue bleue; le reste s'est couvert, comme doit le faire une honnête flotte marchande, de pavillons rouges. N'est-il pas naturel d'en conclure que le convoi de Chine a réclamé, avant de quitter Canton, la protection de trois vaisseaux de guerre? « J'ai cru reconnaître, déclarait le lendemain le capitaine Motard, interrogé par l'amiral Linois, que, parmi les vaisseaux anglais, quatre étaient armés de leurs deux batteries et portaient soixante canons; qu'ils avaient des équipages assez nombreux et que tous avaient leurs batteries hautes. » O imagination, quels tours tu nous joues!

L'erreur du capitaine de la *Sémillante* fut, j'ai

lieu de le croire, l'erreur de l'armée entière. L'amiral Linois, en tout cas, ne mit pas un instant en doute qu'il n'eût devant lui une flotte marchande de force à se défendre au besoin par elle-même et une division d'escorte en mesure de prendre, si les circonstances s'y prêtaient, l'offensive. Dans ces conditions périlleuses, il n'en résolut pas moins d'engager le combat. La marche supérieure de son escadre lui donnait la confiance de pouvoir, au cas où il serait serré de trop près, se soustraire à temps aux manœuvres par lesquelles l'ennemi tenterait de l'envelopper. A sept heures du matin, la flotte anglaise restait sous le vent de notre escadre, à une lieue et demie environ. Le vent était encore très-faible de la partie du nord-nord-ouest, la mer belle. L'intention de l'amiral Linois était de n'attaquer qu'avec une brise décidée. A sept heures quarante minutes, le vent fraîchit un peu : le *Marengo* laisse arriver sur la flotte du commodore Dance; il est suivi par la *Sémillante* et par la *Belle-Poule;* le *Berceau* et l'*Aventurier* se tiennent au vent à petite distance.

Midi sonne. C'est l'heure habituelle des combats : les vaisseaux de queue de la ligne ennemie seront bientôt à portée de canon. Six vaisseaux du centre, portant cacatois et bonnettes de perroquet, accourent à l'aide de l'arrière-garde menacée. Le commodore Dance leur a fait signal de virer vent devant par la contre-marche, d'arriver ensuite successivement en ligne de file et d'ouvrir le feu, dès qu'ils se trouveront par le travers d'un bâtiment français. Nulle gaucherie, nulle hésitation ne se trahissent dans l'exécution de cette manœuvre. Des vaisseaux de guerre ne montreraient pas plus d'aplomb. « L'ennemi, observe le capitaine Motard, paraît vouloir nous mettre entre deux feux. » Telle est dans la division française l'impression générale.

Pour répondre à l'évolution prescrite par le commodore Dance, Linois, à midi quinze minutes, laisse arriver et prend les amures à bâbord. Il se trouve alors sous les mêmes amures que le *Royal-George,* le *Gange,* l'*Earl-Camden* monté par le commodore, le *Warley* et l'*Alfred.* Les deux divisions courent parallèlement et courent toutes deux grand largue. « En ce moment, écrit le commandant Motard, le *Marengo* a commencé l'attaque. Dix-sept vaisseaux avaient viré sur nous; six nous combattaient à grande distance. A une heure, le *Marengo* est venu sur bâbord en augmentant de voiles et nous a fait signal d'imiter sa manœuvre. Le combat a cessé. A trois heures et quart seulement, l'ennemi a reviré de bord vent devant et est allé rejoindre la portion de l'escadre qu'il avait laissée continuer sa route. Je n'ai eu dans cet engagement que deux chaînes de hauban cassées et plusieurs manœuvres courantes coupées. » Suivant l'historien anglais, la canonnade dura en tout quarante-trois minutes. Le *Royal-George*, vaisseau de tête, fut engagé pendant quarante minutes environ et tira de huit à neuf bordées, — « feu nourri », remarque le capitaine Motard. Le *Gange* en tira sept ou huit, l'*Earl-Camden* cinq. Le *Warley* et l'*Alfred* n'échangèrent de boulets avec nos frégates que durant quinze minutes à peine. Le *Royal-George* eut un homme tué et un blessé.

Une magnifique proie nous échappait. « Monsieur Decrès, écrivait l'Empereur au ministre de la marine, le 15 septembre 1804, je vous ai exprimé tout ce que je ressentais de la conduite de l'amiral Linois. Il a rendu le pavillon français la risée de l'univers. Le mépris contre lui en Angleterre est au dernier point de la part des officiers de la marine. Je voudrais pour beaucoup que ce malheureux événement ne fût pas arrivé. Je préférerais avoir perdu trois vaisseaux. » Il n'a manqué qu'une chose au vainqueur d'Austerlitz : le sentiment exact des difficultés maritimes. Ses explosions de colère l'ont presque toujours rendu injuste et ont nui au bien de son service, tout autant au moins que la prétendue mollesse de ses amiraux. Après avoir combiné cette merveilleuse campagne des Antilles, si bien marquée au coin de son génie; après avoir égaré, dévoyé, par un miracle de tactique, toutes les flottes anglaises, il n'aboutira qu'à une épouvantable catastrophe. Pourquoi? Parce qu'il n'aura jamais voulu admettre ce principe, si aisément compris cependant de tous les marins : « Rien n'affaiblit plus une flotte que des vaisseaux mal organisés qui font nombre. »

Consulté par Decrès sur l'affaire de Pulo-Aor, Ganteaume se montra sévère. L'amiral Linois s'applaudissait « d'avoir pu éviter les suites d'un engagement inégal ». Ganteaume réplique : « Parmi les vaisseaux de la Compagnie, il pouvait bien y en avoir à deux batteries : si Linois se fût approché à portée de pistolet, pas un n'eût résisté à une volée de son vaisseau. » Arrêt bien rigoureux, venant d'un camarade! N'était-ce pas sous les ordres de Ganteaume en personne que Linois, en 1801, avait pu apprendre à se dérober aux atteintes d'un ennemi supérieur « en manœuvrant, suivant l'appréciation d'un éminent officier de l'armée de terre, du général Mathieu Dumas, avec autant d'activité que de prévoyance »? En somme, il y eut en France, autour du combat de Pulo-Aor, plus de bruit que la chose n'en méritait. Les clameurs de triomphe des Anglais nous étourdirent, et l'opinion, qu'on me passe l'expression, joua dans cette affaire le rôle de dupe. Ce fut elle qui mit sur le pavois le commodore Dance. Le combat de Pulo-Aor, tout bien considéré, pourrait s'appeler « la bataille de Prévésa du vainqueur d'Algésiras [1] ». Bien peu d'hommes de guerre ont été à l'abri de semblables fautes : seuls peut-être un Nelson, un Suffren, un Duperré, un Bouvet, auraient évité ce mécompte. Et encore! en est-on bien sûr?

Ce qui doit rester de l'engagement malencontreux du 15 février 1804, — premier combat de la *Sémillante,* — c'est une gloire justement acquise, universellement proclamée, pour le commandant de la flotte des Indes. Le commodore Dance sut allier la fermeté, la décision à un légitime souci des richesses dont il avait la garde. Il reprit sa

[1] Voyez, dans l'ouvrage intitulé : *Doria et Barberousse,* p. 296, la bataille de Prévésa.

route pour le détroit, aussitôt qu'il eut écarté de
son chemin, par l'énergie de son attitude, la division de l'amiral Linois. Ce jour-là, les marins
anglais firent leur devoir, rien de plus que leur
devoir. Ils ne voulurent pas compromettre dans
une poursuite imprudente un succès inespéré. Le
commodore Dance, à son arrivée en Angleterre,
fut créé chevalier. La Société d'assurances de Bombay lui fit un don royal de 5,000 livres sterling.
Nation de « boutiquiers », si l'on veut, mais du
moins nation juste et reconnaissante. Je n'apprécie
pas chez un peuple la hauteur d'âme qui laisse les
héros mourir de faim.

Il est rare qu'on se relève sur-le-champ d'un
mécompte aussi grave que celui qui venait de ter-
nir la haute réputation de l'amiral Linois. La campagne, si heureusement ouverte à Bencoulen, ne
fit plus que traîner languissante. Rallié à Batavia
par la frégate *l'Atalante,* Linois s'achemina tout
droit vers l'île de France. Ses frégates ramassèrent
encore sur la route quelques prises de valeur, sans
lui ménager cependant un retour triomphal : l'île
qui l'avait vu partir avec tant d'espoir attendait
mieux de son audace. Le général Decaen, entre
autres, ne sut pas dissimuler son désappointement.

Pas plus que le premier Consul, le général n'était en mesure d'apprécier avec équité les phases si complexes de l'incident qui le déconcertait : ses rapports avec l'amiral Linois en demeurèrent sérieusement altérés.

CHAPITRE V

Le 2 avril 1804, la division avait jeté l'ancre au
Port-Louis. Le 20 juin, elle reprenait la mer pour
une nouvelle croisière. L'*Atalante,* cette fois, remplaçait la *Belle-Poule.* La baie de Saint-Augustin,
dans l'île de Madagascar, offrait de précieuses ressources pour des ravitaillements indispensables :
privés de vivres frais, les équipages n'auraient pas
tardé à être atteints du scorbut. Linois, sur le
Marengo, accompagné de l'*Atalante* et de la *Sémillante,* laisse s'écouler les derniers mois de la
mousson du sud-ouest, se portant, du sud de Madagascar au nord du canal de Mozambique, du canal
vers l'île de Ceylan. Dans ces divers parages, il
fait d'importantes captures. Vers la fin du mois
d'août, il donne hardiment dans le golfe du Bengale,
passe devant Madras à vingt lieues environ de dis-

tance, visite la rade de Mazulipatnam, la rade de Coringa, remonte la côte de Golconde et arrive enfin le 18 septembre, à dix heures du matin, en vue de Vizigapatnam [1].

Les Anglais n'attendaient pas les Français ou, du moins, ils ne les attendaient pas sitôt. Un vaisseau de cinquante canons, *le Centurion,* vaisseau du dernier rang, legs de la vieille marine, portant dans sa première batterie vingt-deux canons du calibre de 24, dans la seconde vingt-six caronades de 32, était mouillé sur rade. Un navire de la Compagnie, *la Princesse Charlotte,* un autre navire marchand de moindre valeur, le *Barnabé,* achevaient d'embarquer leur chargement, sous la protection du vaisseau de Sa Majesté Britannique. La *Princesse Charlotte* était un navire de six cent dix tonneaux, armé de vingt-quatre canons longs de 12, monté par soixante-onze hommes d'équipage. Le *Barnabé* n'avait ni le même armement ni la même importance : son jaugeage ne dépassait pas quatre cents tonneaux.

La sécurité était si complète que le commandant du *Centurion,* le capitaine James Lind, appelé à

---

[1] Voyez, dans l'ouvrage intitulé : *l'Amiral Baudin,* la *carte de la mer des Indes, du cap Comorin à l'océan Pacifique.*

remplacer le capitaine John Sprat Rainier, dangereusement malade, se trouvait en ce moment à terre. La division de l'amiral Linois s'est approchée sous les couleurs anglaises : quand elle arrive à portée de canon, elle arbore le pavillon français. Le commandant du *Centurion,* le lieutenant James-Robert Phillips, investi de toute la responsabilité du commandement par l'absence inopportune de son chef, fait couper le câble — les câbles-chaînes était encore un luxe assez rare — et borde ses huniers. Dans son mouvement d'abatée vers la terre, le *Centurion* présente le travers à l'*Atalante,* — cette frégate marchait en tête, — et lui envoie sa volée à moins de deux cents mètres. L'*Atalante* riposte; la *Sémillante* rallie et prend part à l'action. Pour la seconde fois, son équipage voit le feu. Le *Marengo,* plus lourd, est resté une demi-lieue environ en arrière. Les deux frégates serrent le vent, virent de bord et se portent à la rencontre de leur amiral. Pendant ce temps, le *Barnabé* allait s'échouer sur des récifs qui devaient en avoir bientôt raison; le *Centurion* continuait sa route vers la terre : la *Princesse Charlotte* attendait, impassible, l'issue d'un combat dont il n'était que trop évident qu'elle deviendrait le prix.

Désespéré à la vue d'un engagement qui va décider du sort de son vaisseau sans qu'il intervienne, le capitaine Lind s'est jeté dans une légère embarcation du pays; il parvient, au risque de sombrer vingt fois dans les brisants, à franchir la barre. Il la franchit avant que le *Centurion* ait été absorbé par la vague, qui déploie en grondant ses blancs rouleaux sur la plage. Dès qu'il a repris le commandement, il donne l'ordre de mouiller : l'ancre tombe par six brasses de fond, à un mille et demi au nord-est de la ville. Pour aller chercher le vaisseau anglais dans cette position, pour le prolonger vergue à vergue, il eût fallu ne pas être arrêté par la crainte d'un échouage. Le tirant d'eau d'un vaisseau de 74 devient inquiétant, quand la sonde ne rapporte plus que six ou sept brasses, quand on voit surtout le fond monter rapidement. Les grands tirants d'eau sont les pires ennemis de l'audace. Que sera-ce quand il faudra mettre au jeu des vaisseaux d'une valeur de 20 millions de francs! L'amiral prit le parti de mouiller par le travers du vaisseau anglais. Il le combattit embossé pendant environ un quart d'heure, mais à grande portée de canon, à la distance de neuf ou dix encablures. Son gréement délabré prouvait cependant que le tir de l'ennemi n'était pas tout à fait inefficace. Qu'un mât tombât, le *Marengo* demeurait exposé aux attaques de toute une division anglaise, car les divisions, quand la côte en est semée, accourent facilement au bruit d'une artillerie qui éveille des échos à dix et quinze lieues de distance. Linois jugea prudent d'opérer sa retraite, pendant que la retraite demeurait encore praticable. Il fit amariner la *Princesse Charlotte*, donna l'ordre de filer le câble par le bout, hissa son foc et, suivi des deux frégates qui avaient combattu sous voiles, tira au large. L'*Atalante* comptait douze hommes hors de combat; le *Marengo* trois.

La *Princesse Charlotte* n'était pas, après tout, un trophée à dédaigner. Sans doute il eût mieux valu prendre ou détruire un vaisseau de guerre; mais ce n'eût plus alors été la guerre de course, c'eût été la guerre qu'on jugeait interdite à nos forces navales toujours insuffisantes. La guerre de course consiste avant tout à faire du butin. Du reste, au moment où le *Marengo* appareillait, un boulet venait de couper le câble du vaisseau anglais; la houle emportait rapidement le *Centurion* vers la côte : il semblait qu'il dût, en quelques minutes, rencontrer la ligne des brisants; l'amiral Linois avait, jusqu'à un certain point, le droit de le considérer comme un vaisseau perdu. On peut être un très-grand homme de guerre sans être un casse-cou. Toute la carrière de l'amiral Linois dénote un sentiment très-vif de la responsabilité, en même temps qu'une ténacité indomptable, quand les événements l'ont, malgré lui, acculé à la défensive. L'escadre de l'amiral Warren apprendra, dans la nuit du 3 au 4 mars 1806, à ses dépens, ce qu'il faut de boulets pour réduire un tel homme.

Rentré à l'île de France le 31 octobre 1804, Linois reprenait la mer le 22 mai 1805, avec le *Marengo* et la *Belle-Poule*. La période des désastres allait succéder à la période des captures, — inévitable issue de nos campagnes de course. — Comment eût-il pu en être autrement? Tous nos ports se trouvaient bloqués ; même avant Trafalgar, les vaisseaux anglais couvraient les mers. A quelles chasses acharnées nos frégates ne durent-elles pas s'attendre, une fois nos grandes flottes anéanties? Ce serait bien pis aujourd'hui : nos dépôts de charbon ne tarderaient pas à être enlevés, et nous irions en vain quêter de port neutre en port neutre un combustible qui nous serait partout refusé. Si jamais nous voulions faire la guerre au commerce anglais, c'est à sa rentrée dans la Manche qu'il faudrait l'attendre. Là, par exemple, nous serions terriblement redoutables, à une condition cependant : les Anglais connaissent nos côtes; nous en ignorons les détours. Il n'est pas, je l'espère, trop tard pour aviser, à moins qu'on ne considère ce détail comme au-dessous des préoccupations d'une marine savante. J'ai eu quelque part — je ne crains pas de m'en féliciter — à l'organisation des institutions de pilotage. On ne m'accusera donc pas de dédaigner le secours des pilotes. Je prétends seulement que, si le capitaine n'est pas un peu pilote lui-même, la confiance lui fera défaut, et sans confiance, pas d'audace. Telle fut jadis l'opinion des grands marins, dont je ne cesserai, malgré les progrès accomplis, d'invoquer avec une foi absolue le témoignage.

Déjà, en 1805, tout se gâtait dans l'Inde. La frégate *la Psyché,* commandée par un capitaine que les Anglais, qui le connaissaient bien, réputaient justement un brave entre les plus braves, par le capitaine Bergeret, en un mot, la *Psyché* venait de succomber dans un combat livré au *San-Fiorenzo* le 14 février, à la hauteur de Vizigapatnam [1].

---

[1] La frégate *le San-Fiorenzo,* commandée par le capitaine Henri Lambert, eut, dans cet engagement, 12 tués et 36 blessés. La *Psyché*

Elle obtenait, il est vrai, une capitulation sans exemple dans les annales de la guerre maritime. Ce n'en était pas moins une frégate à rayer de nos forces navales. Le 2 novembre de la même année, l'*Atalante* se perdait au cap de Bonne-Espérance, jetée à la côte par un raz de marée sur la rade ouverte de Table-Bay. Le *Marengo* et la *Belle-Poule,* sortis sains et saufs de la tempête, poursuivaient lentement leur route vers la France. Ils

perdit son commandant en second, 2 lieutenants et 54 matelots ou soldats. Elle eut, en outre, 70 hommes mis hors de combat.

Les forces des deux adversaires, quand on les compare, accusent une énorme disproportion : le *San-Fiorenzo* était un navire de mille trente-deux tonneaux, la *Psyché* n'en jaugeait que huit cent quarante-huit; le poids d'une bordée tirée par la frégate anglaise atteint le chiffre de quatre cent soixante-sept livres, la frégate française n'y pourra répondre que par une volée pesant tout au plus deux cent cinquante-deux livres.

Après trois heures d'un combat acharné, le capitaine Jacques Bergeret offrit au capitaine Lambert de lui remettre, désemparé de sa grand'vergue, un navire criblé de projectiles. Il y mettait cependant une condition : l'équipage conserverait sa liberté et serait ramené à l'île de France. Le capitaine Lambert crut devoir accepter la proposition. « Le commandant Bergeret, nous apprend l'historien anglais, s'était dans cette occasion surpassé lui-même. Tout Français, jaloux de la gloire de son pays, gardera le souvenir de l'héroïque défense de la *Psyché*. »

L'amirauté britannique n'approuva pas la condescendance du capitaine Lambert : ce précédent lui parut dangereux. Elle se croyait certaine d'avoir, quand elle le voudrait, nos bâtiments à merci. Duperré, Bouvet et Hamelin allaient lui apprendre que le sort des armes est changeant et que le plus fort peut gagner quelquefois, lui aussi, à laisser s'adoucir les lois de la guerre.

visitaient la côte d'Angola, cherchaient fortune dans les eaux de Sainte-Hélène, gagnaient enfin, à court d'eau, épuisés de vivres, encombrés de malades, l'archipel des Canaries. C'était là que le sort avait marqué la fin de la longue et laborieuse campagne que nous venons de raconter. Cinq vaisseaux et deux frégates assaillirent à la fois le *Marengo* et la *Belle-Poule*. La résistance fut digne de l'heureux adversaire de l'amiral Saumarez, de celui qui, mouillé le 5 juillet 1801 sous la protection des batteries d'Algésiras, — on sait le cas qu'il faut faire de cette protection, — repoussait, avec trois vaisseaux, l'attaque de six vaisseaux anglais et en forçait un, *l'Hannibal*, à baisser pavillon.

Serré de près par un vaisseau à trois ponts, le *Marengo*, dans la nouvelle journée qui va terminer sa carrière, a déjà perdu deux cents hommes ; l'amiral, le commandant Vrignaud, sont grièvement blessés : le feu continue encore. Il est pourtant des bornes à la défense : avec moins d'opiniâtreté que Linois, les plus vaillants Anglais nous l'ont, en mainte occasion et sans rougir, fait voir. Le *Marengo* et la *Belle-Poule* sont enfin obligés de céder au nombre. L'Empereur pensa-t-il encore, quand cette triste nouvelle lui parvint, que Linois

était fait pour exciter le mépris des Anglais? Ren-
dons-lui cette justice : la perte du *Marengo,* sa défense héroïque, eurent le don de réconcilier le
vainqueur d'Austerlitz avec le mécompte de Pulo-
Aor. Linois, malheureux, rentra en possession de
toute son estime. Et l'estime de l'Empereur, c'était
presque la gloire! Quant aux Anglais, ils appré-
ciaient si bien la valeur de leur capture, qu'ils
gardèrent l'amiral Linois prisonnier pendant huit
ans. Linois ne revit la France qu'en 1814.

Ainsi tous ces bâtiments qui, depuis deux ans,
répandaient la terreur dans les mers de l'Inde,
disparaissaient peu à peu, s'évanouissaient, comme
autant de fantômes, l'un après l'autre, ne laissant
derrière eux, pour soutenir l'honneur du pavillon,
que la petite frégate du capitaine Motard.

CHAPITRE VI.

A quelle circonstance heureuse la *Sémillante* dut-elle d'échapper à la ruine commune? Une mission inattendue la sépara de la division dont elle faisait partie et dont elle eût vraisemblablement, sans ce hasard propice, partagé la destinée. L'amiral Linois ne quitta l'île de France que le 22 mai 1805. Dès le 8 mars, le capitaine Motard était parti pour Manille.

Les nouvelles d'Europe n'arrivaient pas alors dans les mers de l'Inde avec la régularité à laquelle nos paquebots à vapeur nous ont habitués aujourd'hui. Les Anglais se trouvaient presque toujours les premiers informés. La voie de Bassorah et celle de la mer Rouge leur étaient ouvertes : ils y avaient échelonné leurs courriers. En de rares occasions, cependant, la traversée rapide de quelque bâtiment neutre ou d'un navire chargé de dépêches nous mit sur nos gardes, avant que les Anglais pussent avoir connaissance des incidents qui modifiaient la situation politique. A la fin du mois de février 1805 mouille en rade de Port-Louis un trois-mâts danois, *l'Ahester-Maria*. Le capitaine et le subrécargue de ce bâtiment affirment avoir lu dans les gazettes allemandes de la fin d'octobre « qu'à la hauteur de Gibraltar, quatre frégates anglaises ont attaqué quatre frégates espagnoles venant du Pérou. Après un combat très-chaud d'une demi-heure, une des frégates espagnoles a sauté; les trois autres se sont rendues aux Anglais [1] ». Quel motif a pu inspirer cette agression? On n'en cite point d'autre que le désir de s'emparer d'un chargement de piastres évalué à 19 millions de francs. Le gouvernement anglais ne désavoue pas ses capitaines : il les approuve et les justifie. C'est inévitablement la guerre à bref délai.

Jetées au bout du monde commercial, tenues, par le plus jaloux des monopoles, en dehors de toute communication avec la navigation étrangère,

[1] Voyez, dans l'ouvrage intitulé : *Guerres maritimes sous la République et l'Empire,* — Charpentier, éditeur, 13, rue de Grenelle-Saint-Germain, t. II, p. 91, — la prise de la division du contre-amiral Bustamente, le 5 octobre 1804.

les Philippines se trouvaient évidemment exposées à n'être pas prévenues en temps opportun de la rupture des relations entre l'Angleterre et l'Espagne : l'amiral Linois, d'accord avec le général Decaen, reconnaît l'urgence d'expédier au capitaine général des Philippines, don Mariano Fernandez de Fulgueras, l'avis de cet incident gros d'orages, qui met en péril la sécurité de la colonie. La *Sémillante* est désignée pour porter à Manille l'importante nouvelle. Ce n'est pas un voyage de quelques centaines de lieues qu'on lui réserve : le trajet d'aller et retour se comptera par des milliers de milles.

L'amiral Decrès s'est chargé de condenser, dan un résumé destiné à passer sous les yeux de l'Empereur, les détails d'une campagne qui ressemble, sous plus d'un rapport, à une campagne de découverte. La *Sémillante,* en effet, a tout avantage à éviter autant que possible les sentiers battus : elle aurait trop de chances d'y rencontrer les croisières anglaises. « Je me persuade, écrit le ministre de la marine à l'Empereur, que Votre Majesté n'apprendra pas sans quelque intérêt que la frégate française *la Sémillante,* commandée par le capitaine de vaisseau Motard, officier de la Légion d'honneur, a résisté à tous les mauvais temps, à toutes les contrariétés que l'on peut éprouver dans l'intermédiaire de deux moussons; qu'elle a soutenu, dans la position la plus désavantageuse, le combat qui lui a été livré par deux vaisseaux anglais et qu'elle en est sortie avec honneur; qu'elle a traversé ensuite avec succès des mers remplies d'écueils et encore peu connues, et qu'elle y a fait des observations assez exactes pour fixer la position de plusieurs points, ce qui est de la plus grande importance pour la sûreté de la navigation. » L'année 1806 ne fut pas pour l'empereur des Français une année de loisir : Napoléon le Grand accorda-t-il aux explorations de la *Sémillante* l'attention que le malheureux Louis XVI, si épris des études géographiques, ne leur eût certainement pas refusée? Je ne saurais édifier le lecteur sur ce point. En revanche, je puis lui affirmer que la campagne de la *Sémillante* a été appréciée à sa juste valeur par les écrivains anglais. J'aurais bien quelque droit de l'apprécier à mon tour, car je l'ai, en quelque sorte, recommencée sur la *Bayonnaise*. Les cartes dont je disposais ne valaient guère mieux que celles dont se servait le capitaine Motard. Comme lui, la plupart du temps, je marchais à tâtons, plus empêché encore, s'il est possible, puisque je n'avais pas le pilote dont le capitaine de la *Sémillante* s'assura les services à Manille [1].

La *Sémillante,* nous l'avons déjà dit, appareilla de l'île de France le 8 mars 1805. Après avoir atteint le parallèle de 3 et 4 degrés sud, le commandant Motard se maintint constamment sur ce parallèle jusqu'au méridien de 86 degrés à l'orient de Paris. C'était la route depuis longtemps indiquée, en cette saison, par un des plus savants officiers que compta la marine de Louis XVI, le chevalier Grenier. « Dans cette traversée, qui a été d'un mois entier, le commandant Motard, fait remarquer l'amiral Decrès, a éprouvé des temps très-orageux et des pluies continuelles. Il n'a vu aucune terre ni aucun bâtiment. » Quand on veut naviguer à l'encontre de l'alisé, on n'a le choix qu'entre deux moyens : il faut sortir de la zone comprise entre les deux tropiques ou cheminer lentement en plein « pot au noir ».

Jusqu'au 9 avril, les vents ne cessèrent de varier du sud-est au sud et du sud au sud-ouest. Le 9 avril, ils se fixèrent à l'ouest. La pluie tombe

[1] Voyez le *Voyage de la corvette « la Bayonnaise »* dans les *mers de Chine,* E. Plon, imprimeur-éditeur, t. I, p. 175 à 254, et t. II, p. 74 à 242. — Voyez aussi le rapport de mer à la fin du second volume.

toujours; la mer peu à peu devient grosse : quelque cyclone rôde, à coup sûr, dans les environs. Le 10, le bâtiment est démâté de son petit mât de hune; la chute rompt les traversins de la hune de misaine. En quarante heures, la double avarie est réparée. Le 17, on a connaissance de l'île Engaño, au large de Sumatra. Le 18, la frégate donne dans le détroit de la Sonde, communique en passant avec le village d'Anjer et continue sa route vers le détroit de Gaspar. Le 21 avril, à sept heures du soir, Motard laisse tomber l'ancre à l'entrée de ce passage, appareille dès le lendemain, prend successivement connaissance de Pulo-Aor, de Pulo-Condor, et le 14 mai de Pulo-Sapata[1]. La mousson du sud-ouest n'était pas encore franchement déclarée : de Pulo-Sapata jusqu'à Manille, les vents furent presque toujours contraires, le temps orageux, les grains très-forts et accompagnés de torrents de pluie. On aperçut enfin la côte de Luçon le 29 mai. Le 30, la *Sémillante* mouillait sur la rade de Manille.

Après cinquante-deux jours de relâche, le 21 juillet 1805, le commandant Motard dut enfin songer à reprendre la route de l'île de France. C'est

---

[1] Voyez, dans l'ouvrage intitulé : *l'Amiral Baudin*, la *carte de la mer des Indes, du cap Comorin à l'océan Pacifique*.

ici que la *Bayonnaise,* quarante-trois ans plus tard, retrouvera ses traces[1]. La mousson était contraire pour redescendre la mer de Chine. Motard cédera-t-il aux instances du capitaine général des Philippines? Ira-t-il chercher au Mexique les fonds dont la colonie, désertée depuis deux ans par les galions d'Acapulco, éprouve un urgent besoin? Motard se refuse à contracter sur ce point un engagement formel : il prendra conseil des vents, des courants, des circonstances. Un pilote espagnol le conduit, à travers un labyrinthe d'îles bien mal connues encore, jusqu'à l'entrée du détroit de San-Bernardino[2]. Le 28 juillet, Motard essaye de franchir ce détroit. Après deux ou trois tentatives infructueuses, il y renonce. Le moment n'est pas encore venu où la mousson du sud-ouest refoulera les vents alisés. Ce moment se fait souvent attendre plus longtemps qu'on vous l'a promis. J'en sais, par ma propre expérience, quelque chose. Motard se laisse encore une fois guider par son pilote au

[1] Voyez, à la fin du tome II du *Voyage de la « Bayonnaise »* dans *les mers de Chine,* le rapport adressé au ministre le 6 décembre 1850. — Pages 366, 367, 368, 373, 374, 375, 376.

[2] Voyez, à la fin du volume, la *carte du détroit de San-Bernardino,* et dans l'ouvrage intitulé : *l'Amiral Baudin,* la *carte générale de la mer des Indes, du cap Comorin à l'océan Pacifique.*

mouillage de San-Jacinto, rade peu profonde,
semée de bancs de coraux, ouverte sur la côte orien-
tale de l'étroite et longue île de Ticao.

La déclaration de guerre par laquelle l'Espagne,
justement irritée, répondit à l'acte de piraterie
dont le général Decaen avait si bien prévu les conséquences, ne pouvait manquer d'attirer dans les
eaux des Philippines des forces anglaises. Les
exploits de sir Francis Drake, de Cavendish, de
l'amiral Anson, n'étaient point oubliés à bord des
bâtiments de Sa Majesté Britannique. Depuis la rupture de la paix d'Amiens, les équipages se fati-
guaient à poursuivre des vaisseaux, des frégates,
des corsaires : c'étaient des chargements de galions
que se partageaient jadis les marins anglais. Ce
beau temps n'allait-il pas revenir? Avec la France,
il n'y avait rien à gagner : le commerce français
n'existait plus. La guerre avec l'Espagne fut donc
accueillie par les marins anglais comme une joyeuse
aubaine. Motard ne mit pas un instant en doute
que, si son séjour se prolongeait dans ces trop
séduisants parages, il n'y fût promptement décou-
vert et assailli.

« Le mouillage de San-Jacinto, observe l'amiral
Decrès, n'offrait aucune protection en cas d'at-

taque. Trois mauvaises pièces de 12 placées sur une pointe de terre près de l'église, deux pièces de 8 au sommet d'une tour, vingt fusils, dont aucun ne pouvait tirer, voilà quelle était toute la défense de ce poste. Il n'y avait d'ailleurs point de munitions. » Le capitaine Motard fait porter à terre des boulets, des gargousses, charge son armurier du soin de remettre les vingt fusils en état, et garnit de vigies les points les plus élevés de la baie.

Le 2 août, à une heure de l'après-midi, on vient lui annoncer que deux gros bâtiments sont en vue et paraissent se diriger vers le port de San-Jacinto. Bientôt ces bâtiments sont aperçus du pont de la *Sémillante*. L'un est une frégate de quarante-quatre bouches à feu, portant du 18 dans sa batterie; l'autre, un brick armé de vingt caronades du calibre de 32. On sut plus tard par les gazettes anglaises que la frégate, commandée par le capitaine John Wood, se nommait le *Phaëton;* le brick avait pour capitaine le *commander* Edward Ratsey et figurait sur les listes de l'amirauté sous le nom de l'*Harrier*. Une frégate de trente-deux canons, n'ayant à bord que des pièces de 12, ne pouvait évidemment prêter le côté à un ennemi aussi supérieur en force qu'à la condition de mettre à profit tous les avantages

de la position. Le capitaine Motard appareille sur-le-
champ en coupant ses câbles, élonge des ancres à
jet et, jeté en travers par de folles brises, finit par
aller s'échouer au fond de la baie[1]. Sous les tropiques, le vent n'a pas d'haleine ou souffle en
ouragan. Tout dans cette chaude nature est extrême.
La situation de la *Sémillante,* après son échouage,
laisse fort à désirer : l'arrière de la frégate, clouée
sur le récif, demeure exposé au feu de l'ennemi :
les deux pièces de retraite pourront seules servir.
Motard envoie six hommes, sous le commandement
d'un officier, armer la petite batterie de la pointe.
Deux pièces de 12 et une pièce de 8 prendront
ainsi part au combat.

Le brick anglais, cependant, a pris les devants :
il éclaire la route. La frégate, à deux heures, arrive
à portée de canon. Le feu s'ouvre. On est heureusement parvenu à faire pivoter la *Sémillante* sur son
avant, échoué par quinze pieds d'eau. La *Sémillante*
présente maintenant le côté de bâbord tout entier
à l'ouvert de la baie. Sa quille n'en continue pas
moins de toucher le fond : excellente condition
pour une résistance acharnée. On pourra détruire,

---

[1] Voyez, à la fin du volume, le *plan du port de San-Jacinto.*

morceau par morceau, la *Sémillante;* on ne la coulera pas. Pendant plus de trois heures, des bordées s'échangent. La frégate française a ses manœuvres hachées; elle reçoit vingt-neuf boulets en plein corps. Elle ne compte pourtant — chiffre insignifiant pour un si long combat — que quatre hommes tués et onze blessés. Les pertes des Anglais, s'il en faut croire les rapports officiels, sont moins considérables encore. Le *Phaëton* et l'*Harrier* n'ont eu chacun que deux blessés. Il faut peu de boulets pour faire de grands dégâts dans des murailles de bois, il en faut tirer beaucoup pour en mettre quelques-uns à bord. J'ai souvent songé au combat de San-Jacinto, quand la révolution de Février me surprit isolé dans les mers de Chine. Je suis donc plus excusable qu'un autre de m'appesantir sur des détails qui ont eu pour moi un intérêt tout particulier.

Le calme se faisait : l'ennemi prit le parti de s'éloigner. Le lendemain, il se montra de nouveau à l'entrée de la baie. Motard se préparait à soutenir un second combat : les Anglais se contentèrent d'étudier la position, en faisant de petits bords. Ils se maintinrent ainsi toute la journée à la distance de deux lieues environ. Le 4 août, on les revit encore : ils étaient alors à plus de trois lieues. A dix heures, on les perdit de vue. Allaient-ils chercher des renforts pour livrer cette fois à la frégate française un assaut décisif ? Le capitaine Motard reconnut le pourtour de la baie pour y élever, s'il était possible, des batteries. Ravis de son succès, heureux d'avoir vu les hérétiques battre en retraite, les Indiens se montraient tout prêts à le seconder. On sait que ce furent les Indiens qui, leurs curés en tête, reprirent, en 1762, la ville de Manille sur le général Draper. A San-Jacinto, hommes, femmes, enfants, offraient à l'envi leurs services. Le 7 août, quatre pièces débarquées de la frégate se trouvèrent en position.

Le 9 août, on apprit que les deux bâtiments anglais avaient traversé le détroit de San-Bernardino et venaient de jeter l'ancre au mouillage d'Albay, non loin de l'extrémité sud-est de l'île de Luçon [1]. Une seconde frégate était signalée dans les mêmes parages. Motard jugea très-sainement que les Anglais voudraient, dans ce conflit, avoir le dernier mot : si deux frégates ne suffisaient pas, ils en appelleraient une troisième. Le plus sûr était de leur

---

[1] Voyez, à la fin du volume, la *carte du détroit de San-Bernardino*.

céder la place. Le capitaine de la *Sémillante* rembarqua ses pièces et remit sous voiles le 12 août, laissant aux braves habitants de San-Jacinto, en témoignage de sa reconnaissance, un présent de douze fusils et deux cents livres de poudre.

Les courants, pendant la relâche de la *Sémillante,* s'étaient amortis. Le jour même de l'appareillage, le capitaine Motard put vider le détroit et faire son entrée dans l'océan Pacifique. Il n'était plus question, après les avaries subies, après surtout que la présence de la frégate française dans les eaux des Philippines était éventée, de tenter le voyage d'Acapulco; ce serait déjà beaucoup si la *Sémillante* réussissait à regagner l'île de France.

Quelle tâche laborieuse, inquiétante, qu'un pareil voyage à contre-mousson! La route, à travers ce dédale d'îles et d'écueils, était à peine tracée; l'équipage, harassé, comptait de nombreux malades, et la frégate faisait de huit à dix pouces d'eau à l'heure. Le capitaine Motard, à l'issue du détroit, mit le cap au sud. Il longea ainsi, à dix lieues environ de distance, les côtes de l'île Samar et celles de la grande île de Mindanao. Pour passer de l'océan Pacifique dans l'océan Indien, il eût inutilement cherché une autre voie que la mer des Célèbes et la mer des Moluques. Il se jeta résolûment au milieu de ce labyrinthe. Les premières terres que la *Sémillante* reconnut furent les îlots de Palmas et de Meangis. Motard donna dans le canal qui sépare l'île Salibabo de l'île Sanguir [1], s'approcha de cette dernière île, y trouva un bon port et n'hésita pas à y jeter l'ancre. Une relâche de quatre-vingt-six heures à Sanguir exerça la plus salutaire influence sur la santé de l'équipage. Le peuple de Sanguir était doux, pacifique; les rafraîchissements abondaient. La frégate reprit son pénible itinéraire dans des conditions inespérées.

A partir de Sanguir, une chaîne à peine interrompue d'îlots conduisit la *Sémillante* à la pointe nord-est des Célèbes. On chemine lentement à travers ces mers assoupies : mes compagnons de la *Bayonnaise* et moi nous ne l'avons pas encore oublié. A moins d'orages soudains, les vents, les flots, la nature entière semblent appesantis par une invincible langueur. On finit par prendre en dégoût ces *damned blue skies*, ce firmament toujours bleu, cette mer toujours placide. On voudrait rencontrer une humeur moins égale, un caprice quel-

[1] Voyez, à la fin du volume, la *carte générale de la mer des Indes, du cap Comorin à l'océan Pacifique.*

conque moins irritant que cette éternelle fadeur. Et les nuits lourdes et chaudes succédant à des jours de plomb, quel supplice! En sortant de la mer des Célèbes, la *Sémillante* entra dans la mer des Moluques. Là, emportée par un courant constant plutôt que poussée par la brise toujours défaillante, elle se traîna de Ternate à Tidore, de Tidore à Motir, à Tawally, franchit le canal qui sépare l'île d'Oby de Xulla-Bessey et contourna la pointe occidentale de Bourou, pour aller reconnaître les îles Saint-Mathieu, à l'extrémité nord-est des écueils de Toucan-Bessey.

En suivant cette route à peu près inexplorée, la *Sémillante* devait éviter la rencontre des croisières qui surveillaient très-probablement les abords d'Amboine et la mer de Banda. Une dernière barrière, une seule, la séparait encore de l'océan Indien. Mainte coupure s'ouvrait dans ce grand rideau : toutes étaient également inconnues au capitaine Motard; il tenta le passage que lui indiquèrent les habitants d'Ombay. Le détroit d'Allor est compris entre Lomblen et Panthar, deux îles élevées, de forme conique, comme le sont celles de tout cet archipel plutonien que je ne saurais mieux comparer qu'au groupe des îles Lipari. Le capitaine Motard s'y engagea, sur la foi de ses vigies, et déboucha dans la mer de Timor. Les mers étroites étaient désormais derrière l'habile et heureux navigateur : un large canal, celui qui sépare l'île de Sandal-Wood de l'île Savu, lui donnait accès, le 26 septembre 1805, dans l'océan Indien. Le 31 octobre, sans autres incidents, il abordait à l'île de France ; le 5 novembre, il mouillait au Port-Louis.

Decrès et William James, le ministre français et l'historien anglais, se sont trouvés d'accord pour rendre hommage « à la capacité, au dévouement, à la bravoure du capitaine Motard ». De son côté, le capitaine Motard s'est souvenu du très-utile concours que lui prêta, en cette occasion, l'enseigne de vaisseau Roussin. « C'est un officier instruit, s'empresse-t-il de déclarer ; bon marin, bon astronome. Il joint à ces qualités essentielles un caractère de fermeté et d'honneur dont je ne ferai jamais assez l'éloge. » Voilà des paroles de bon augure : c'est à la fortune maintenant de faire le reste. Que de germes féconds ont, faute d'une rosée bienfaisante, manqué d'éclore !

CHAPITRE VII.

LE TROISIÈME ET LE QUATRIÈME COMBAT DE LA « SÉMILLANTE ».

On ne revient pas des Philippines à contre-mousson sans avoir quelques réparations à effectuer. En moins de deux mois cependant, la *Sémillante*, seule ressource qui restât à cette heure à la colonie, se trouva prête à reprendre la mer. Deux frégates anglaises bloquaient le Port-Louis : le *Pitt*, forte frégate de grandes dimensions, construite en bois de teck [1], commandée par le capitaine Walter Bathurst, et la *Terpsichore*, petite frégate armée, comme la *Sémillante*, de trente-deux pièces de 12. Le commandant de la *Terpsichore* était le capitaine William-Jones Lye. Le 5 janvier 1806, la *Terpsichore* s'échoue en allant faire de l'eau à l'île Plate. Pour se remettre à flot, il lui faut jeter plusieurs de ses

[1] Voyez, dans l'ouvrage intitulé : *l'Amiral Baudin*, page 48, — la rencontre du *Pitt* et de *la Sémillante*, au mois d'août 1807.

canons à la mer; le commandant Bathurst, inquiet de l'état de cette carène mâchée par les coraux, se résigne à renvoyer la *Terpsichore* à Ceylan. Il reste seul devant le Port-Louis. Dur blocus, celui qu'il faut maintenir au vent d'une île, dans la zone surtout de l'alisé, car l'alisé souffle généralement en grande brise! Le *Pitt* cependant tenait bon : quelques captures, navires de la Compagnie en majeure partie repris sur nos corsaires, venaient de temps en temps ranimer le courage d'un équipage considérablement diminué par la maladie. On sait que le gouvernement anglais a toujours mis une fidélité scrupuleuse à respecter les droits de ses marins : il ne se croirait pas autorisé, quelque litige que puisse élever la diplomatie, à faire tort aux capteurs d'une obole; c'est le meilleur moyen qu'il ait encore trouvé pour réconcilier la nation avec les rigueurs de la *presse*.

Nos corsaires et nos croiseurs étaient loin de rencontrer la même justice distributive et la même protection. Ils n'en apportaient pas pour cela moins d'ardeur à leur métier. La chasse, peu importe le gibier, a toujours un certain attrait. Les prises que nous faisions conduisaient cependant plus souvent nos pauvres matelots à la captivité qu'à la richesse.

Introduire ce butin péniblement acquis dans les ports de l'île de France était devenu, par suite de la surveillance anglaise, presque impossible. On conduisait avec moins de danger les navires capturés à Bourbon, sur une de ces rades foraines dont nous avions essayé de faire des ports de refuge en y accumulant les batteries. Quelques cargaisons se vendaient à Bourbon même : la défaite en eût été bien autrement facile à l'île de France, où les bâtiments neutres avaient pris l'habitude de venir les chercher.

Le général Decaen supportait impatiemment la détresse dont souffrait en ce moment la colonie; dès qu'il apprend par les rapports des vigies qu'il ne reste plus en croisière devant le Port-Louis qu'une frégate anglaise, il se promet de dégager la route et d'en écarter le seul obstacle qui arrête encore à Bourbon les bâtiments réfugiés sous le canon de la baie Saint-Paul. La *Sémillante* reçoit l'ordre de sortir et d'aller droit à la frégate *le Pitt*. Qu'elle lui fasse à tout prix vider les lieux! Un corsaire de trente-quatre canons, *la Bellone,* commandée par le capitaine Péroud, lui prêtera main-forte dans cette entreprise. Ce n'est pas trop de deux bâtiments pour racheter l'infériorité de calibre et d'épaisseur de coque.

Le 27 janvier 1806, à neuf heures du soir, les deux navires français quittent le Port-Louis. Une heure après, ils découvraient et chassaient le *Pitt,* qui se trouvait alors à quelques lieues du port. A onze heures trente minutes, le *Pitt* avait disparu. La *Sémillante* et la *Bellone* faisaient route pour l'île Bourbon; le *Pitt* pour Pointe de Galle, un des ports de l'île Ceylan. L'expédition de la *Sémillante* eut ainsi un succès complet; au bout de quelques jours, cette frégate, constamment favorisée par le sort, ramenait au Port-Louis plusieurs prises et plusieurs navires de commerce. L'abondance succédait à la pénurie, et la colonie renaissait.

Le 7 avril 1806, la *Sémillante* appareille de nouveau. Deux corsaires, *la Bellone* et *l'Henriette,* l'accompagnent. De toutes les croisières de l'heureuse frégate, celle-ci fut la plus fructueuse : huit navires de commerce, estimés à plus de 32 millions de francs, — le prix de deux cuirassés de nos jours, — vinrent, le 9 septembre, mouiller, sous son escorte, dans la baie Saint-Paul. Les Anglais, il est vrai, avaient, par compensation, capturé la *Bellone* et *l'Henriette.* La fortune, hélas! ne leur ménageait que trop souvent de ces revanches. Nous aurions gagné — c'est mon avis du moins — à rester tranquillement dans nos ports. Les corsaires, je ne saurais trop le répéter, finissaient presque toujours mal. Les frégates, les corvettes, employées à ce dangereux métier, y trouvaient-elles au moins plus de profit? J'ai connu la plupart des officiers qui ont fait les campagnes de l'Inde : je n'en ai point rencontré dont l'opulence pût rappeler, à un degré quelconque, la richesse des « nababs ». Les nababs, dans la comédie anglaise, reviennent généralement au pays avec *a liver complaint and a large property*, — une maladie de foie et une grande fortune. — La maladie de foie, nos officiers la rapportaient aussi de leurs croisières; la grande fortune avait passé, je ne sais trop comment, par les mailles du filet. Les Anglais prennent à tâche d'enrichir les serviteurs de l'État; nous tenons à garder nos lévriers maigres. « Ils prennent mieux le gibier », assure le proverbe. Les *blood-hounds* anglais cependant ont du ventre; les croyez-vous moins redoutables pour cela? Toutes les révolutions du monde n'y feront rien : la France restera toujours une nation de gentilshommes. Qu'elle récompense du moins ses vieux guerriers à la façon d'Athènes! Les honneurs de la préséance, c'est-à-dire une bonne place au spectacle, suffisaient aux héros qu'a chantés Eschyle. Depuis qu'il n'existe plus de différence entre « le militaire et le pékin », la coutume anglaise a bien, on en conviendra, son mérite.

A défaut du *Pitt* et de la *Terpsichore,* une escadre anglaise avait reparu devant l'île de France. Nous eûmes nos épreuves durant ces vingt années de guerre; nos victorieux rivaux ne passèrent pas non plus cette rude période sur un lit de roses. Hiver comme été, il leur fallut tenir la mer, et quelles mers! la mer du golfe de Gascogne, la mer du Nord, la Manche, sans compter l'océan Indien. Le blocus de l'île de France était, au mois de septembre 1806, maintenu par le vaisseau de soixante-quatorze *le Sceptre*, capitaine Bingham, et par deux frégates, *le Cornwallis,* de quarante canons de 24, capitaine Johnston, construit, comme le *Pitt*, à Bombay, *la Dédaigneuse,* de trente-six canons de 12, capitaine William Beauchamp Proctor.

De l'île de France à l'île Bourbon, il n'y a qu'un pas, — vingt-cinq lieues à peine[1]. — Le capitaine du *Cornwallis* crut devoir un jour pousser sa bordée

[1] Voyez, dans l'ouvrage intitulé : *l'Amiral Baudin, la carte générale de la mer des Indes, du cap de Bonne-Espérance au cap Comorin.* Voyez aussi, dans le même ouvrage, les *cartes de l'île Bourbon et de l'île de France.*

jusqu'à la baie Saint-Paul. La *Sémillante* y était au mouillage, entourée de douze navires de commerce pris sur l'ennemi. Il y va de l'honneur de la marine anglaise de ne pas laisser ce riche butin aux mains qui l'ont ravi. Le 17 septembre 1806, le capitaine Johnston reconnaît avec soin le terrain; le 26, il ramène de l'île de France le vaisseau *le Sceptre*. Une attaque résolue déterminera peut-être la frégate française à faire côte; ce ne sera plus ensuite qu'un jeu d'enlever les bâtiments marchands qu'elle couvre de son aile. La *Sémillante* a pris ses précautions; son capitaine se souvient du combat de San-Jacinto; il sait comment il faut s'y prendre pour recevoir à l'ancre l'assaut d'un ennemi supérieur en force. Ce genre de combat exclut la manœuvre : il a presque toujours, depuis la brillante affaire d'Algésiras, réussi à la marine française.

Les prises se sont encore rapprochées du rivage; la *Sémillante* elle-même est embossée sous la protection des batteries de la baie, embossée presque à toucher terre, si près de la plage qu'il sera impossible aux Anglais de renouveler l'audacieux mouvement d'Aboukir et d'assaillir la frégate française des deux bords à la fois. « Cent bouches à feu, affirme gravement l'historien de la marine anglaise, cent bouches à feu, dont trente-sept canons longs de 24 et sept ou huit mortiers, défendent les approches de Saint-Paul. » S'il a jamais existé semblables batteries sur un point quelconque de l'île Bourbon, il est assurément permis de douter qu'elles aient trouvé dans la faible garnison laissée à la disposition du gouverneur des canonniers en nombre suffisant pour les servir. Les Anglais ont pris l'habitude d'expliquer la plupart de leurs insuccès par l'intervention de ces prétendues défenses. A Bourbon, comme à San-Jacinto, comme aux Sables-d'Olonne [1], l'appareil formidable devant lequel leurs murailles de bois durent, suivant eux, reculer, se serait probablement évanoui aux premières bordées de leurs canons. La majeure partie de nos batteries de côte n'était, en réalité, pas beaucoup plus à craindre que la flotte du commodore Dance ou que les forts de toiles peintes des Chinois. Le *Sceptre* et le *Cornwallis,* sans avoir échangé un seul coup de canon, s'arrêtèrent devant des obstacles imaginaires. L'île de France bloquée suffirait, pensèrent vraisemblablement le capitaine

[1] Voyez, dans l'ouvrage intitulé : *Souvenirs d'un amiral,* t. II, p. 127 à 148, le *Combat des Sables-d'Olonne ;* librairie Hachette et Cie.

Johnston et le capitaine Bingham, pour retenir la *Sémillante,* avec son précieux convoi, au mouillage, jusqu'au jour où la saison des ouragans viendrait l'en chasser.

Des navires solides, un bon gréement, permettent aux escadres vouées à la pénible tâche des blocus de soutenir, pendant de longs mois, les assauts multipliés de la tempête : rien ne saurait les soustraire à la nécessité de renouveler leur provision d'eau, — nous dirions aujourd'hui leur provision de charbon, puisque avec du charbon et de bons appareils distillatoires, l'eau ne peut plus manquer. Le *Sceptre* et le *Cornwallis* se virent, deux mois environ après leur apparition à l'entrée de la baie Saint-Paul, obligés de lever leur croisière pour aller remplir leurs futailles à l'île Sainte-Marie de Madagascar. Les deux navires passaient en vue de l'île Bourbon : le capitaine Bingham voulut encore une fois jeter un coup d'œil sur la rade, toujours occupée par nos bâtiments. Le 11 novembre 1806, à deux heures trente minutes du soir, le *Sceptre* et le *Cornwallis* donnèrent, toutes voiles hautes, dans la baie. A quatre heures, le vaisseau et la frégate ouvrirent le feu. La *Sémillante* et les batteries de terre ripostèrent. La canonnade et l'approche des terres élevées de l'île firent tomber la petite brise qui régnait au large. « Les navires anglais se trouvèrent, nous assure William James, hors d'état de manœuvrer. » Avec un dessein mieux affermi, ils auraient pu tout au moins jeter l'ancre : ils préférèrent passer outre. A cinq heures trente minutes du soir, tous deux continuaient leur route vers Sainte-Marie. Ils n'avaient subi aucun dommage, ils n'en causèrent pas davantage. Cet engagement, mentionné dans les états de service du commandant Motard et de l'enseigne de vaisseau Roussin sous le nom de « troisième combat de la *Sémillante* », ne fut qu'un échange de coups de canon sans résultat. Les soldats, qui sont toujours portés à traiter légèrement nos actions maritimes, appellent ce genre d'affaires des « échauffourées ». N'ont-ils pas dans leurs fastes des batailles qui mériteraient bien le même nom ?

La mer cependant était libre : il fallait se hâter d'en profiter. « Le 17 novembre 1806, écrit au général Decaen le capitaine Motard, ayant pris connaissance de plusieurs lettres, tant de l'administration de Saint-Paul que de différents particuliers, lettres qui annonçaient toutes le départ certain de la croisière anglaise, j'embarquai, à six heures du

soir, mes malades; à huit heures, je désaffour-
chais; à minuit, la fraîcheur de terre me mit hors
de la baie. Je dirigeai ma route pour passer au
nord de l'île. Plusieurs bâtiments de commerce,
pressés de mettre à profit la levée du blocus, m'a-
vaient précédé; d'autres se proposaient de me suivre aussitôt qu'ils le pourraient. Le 19, au coucher
du soleil, le temps, jusque-là magnifique, se chargea. Impossible de rien distinguer à une lieue de
distance. La nuit ne fit qu'augmenter la brume.
La brise, très-faible, se maintenait du nord au
nord-est. Je poursuivis ma route à l'est. A une heure
et quart, nous aperçûmes, dans la direction du
bossoir sous le vent, un bâtiment qui venait à contre-bord. Il était si près que je n'eus que le temps
de le héler : nous étions déjà par son travers. Il me
répondit sans que je pusse distinguer sa réponse.
Nous parlions encore qu'il m'envoya sa bordée de
tribord par la hanche et me dépassa. Je reconnus
que j'avais affaire à une frégate. Ma première idée
fut de laisser arriver tout plat pour riposter; mais,
par ce mouvement, j'engageais une affaire sérieuse,
et malheureusement l'état de mon armement ne
pouvait me le permettre. Les malades, vingt con-
valescents et quarante prisonniers déduits, il ne me

restait que cent soixante-sept hommes. Je me vis donc dans la cruelle obligation de continuer le même bord, en gouvernant au sud, pour tirer au moins l'ennemi du passage qu'il occupait et où il ne pouvait manquer d'intercepter tous les bâtiments qui me suivaient. Je désirais d'ailleurs que, dans le cas où un engagement sérieux serait inévitable, cet engagement eût lieu sur un point où je serais plus au vent de l'île de France. Je n'étais pas encore à ma nouvelle route qu'un autre bâtiment rejoignit la frégate, qui virait sur moi. Au jour, je reconnus que ce bâtiment était un brick. Il n'avait mis ni cacatois ni bonnettes, probablement pour ne pas dépasser la frégate... Le vent, jusqu'alors très-mou, fraîchit un peu ; notre avantage de marche sur l'ennemi devint assez sensible. La chasse se termina dans la nuit du 20. Le 21, au jour, je ne vis plus rien. Le vent me favorisait. J'en profitai pour donner quelque repos à mon équipage, exténué par les pluies continuelles et par le branle-bas permanent depuis mon départ. Le soir, je mis en panne, n'ayant pu apercevoir la terre, dont je m'estimais à huit lieues dans la direction du sud. Le temps était extrêmement mauvais, quoiqu'il ventât peu. Je fis servir à quatre heures du matin et, au jour, je me trouvais à cinq lieues du morne Brabant. Je m'en approchai à deux lieues et demie et je fis des signaux de reconnaissance à la côte. J'allais doubler le morne et me diriger sur le Port-Napoléon[1], quand j'aperçus deux grands navires et un brick louvoyant de l'autre côté et semblant vouloir me chasser. Des embarcations à rames étaient à la mer; des caboteurs manœuvraient pour se réfugier dans les criques au sud de l'île. Les nuages amassés sur les vigies me laissèrent voir, dans un instant d'éclaircie, le pavillon rouge qui annonçait la présence de l'ennemi. Je crus en conséquence ne pas devoir doubler le morne et je continuai de louvoyer, pour conserver sur les bâtiments aperçus l'avantage du vent. Je voulais attendre, pour prendre un parti, une plus parfaite connaissance des signaux. Je manœuvrai donc de façon à me mettre en mesure d'atteindre une des passes du Port-Impérial[2], au cas où je serais obligé d'y entrer. Le mauvais temps continua sur les montagnes, les signaux ne se découvrirent point, et je continuai à gagner dans le vent. Enfin, vers minuit, je distinguai les fusées

[1] Le Port-Napoléon était le nouveau nom donné par le nouveau régime au Port-Louis.
[2] L'ancien Grand-Port.

qui annonçaient la présence de l'ennemi. Au petit jour, je me trouvai à une lieue et demie du Grand-Port. Les batteries arborèrent le pavillon rouge. Cette persistance dans les mêmes signaux ne me laissa plus de doute sur l'état de la côte. Je reçus un pilote du port, et je mouillai à neuf heures du soir. Le pavillon rouge resta sur les vigies jusqu'à cinq heures du soir. J'appris alors que, des bâtiments que j'avais vus sous le morne, deux étaient la frégate et le brick que j'avais déjà rencontrés. Ils chassaient un trois-mâts français, trois-mâts qui se réfugiait à la Rivière-Noire. La volée de la frégate ennemie, excessivement mal dirigée, ne nous a causé aucune avarie. Tout a passé entre les mâts. Quelques coups seulement ont touché les voiles; un seul a passé dans le bastingage. »

Telle est la rencontre que nous appellerons, avec le bureau du personnel de la flotte, « le quatrième combat de la *Sémillante* ». William James nous en a donné la version anglaise. « Le 11 novembre 1806, dit-il, la *Sémillante* fut aperçue du haut des mâts de la *Dédaigneuse,* qui, sur-le-champ, lui donna la chasse sous toutes voiles. La brise était faible et variable. Vers minuit, les deux frégates se croisèrent, courant à contre-bord. Elles n'étaient pas alors à plus d'un demi-mille l'une de l'autre. La *Dédaigneuse* tira trois ou quatre coups de ses canons de chasse. En ce moment la frégate française battait la générale. La *Dédaigneuse* déchargea ses canons au fur et à mesure que les pièces pouvaient porter; puis, mettant sa barre sous le vent, elle essaya de virer vent devant pour suivre son adversaire. Il y avait si peu de vent qu'elle ne put y réussir. On mit un canot à la mer, afin de faciliter le mouvement. La *Dédaigneuse* parvint enfin à virer lof pour lof. Pendant ce temps, la *Sémillante* avait beaucoup accru sa distance. La *Dédaigneuse* la chassa sous toutes voiles, mais elle avait perdu plusieurs feuilles de cuivre de son doublage, sa carène était très-sale : elle resta peu à peu en arrière. A cinq heures du soir, le capitaine Proctor abandonna la chasse. Il diminua de voiles et serra le vent tribord amures. »

L'histoire ne peut plus être faite de légendes : les archives, de toutes parts ouvertes, nous ramènent à chaque instant, malgré nous, dans le domaine de la réalité. Notre amour-propre national n'y perdra rien, si nous savons apprécier à leur juste valeur les événements maritimes. Voilà une traversée bien courte et en apparence bien facile : que de fatigues, d'émotions, de résolutions soudaines et décisives, ce trajet de quelques lieues cependant représente ! Je me serais reproché d'abréger le rapport du capitaine Motard ; je le trouve à chaque ligne rempli d'enseignements. Si l'on suivait mon conseil, nous naviguerions plus souvent en temps de paix comme on sera obligé de naviguer en temps de guerre. Les signaux de reconnaissance deviendraient d'un usage constant ; le branle-bas de combat de jour et de nuit serait, de tous les exercices, le plus fréquent et le plus régulier. On se fait difficilement une idée de la tension d'esprit d'un capitaine toujours en alerte. Il faut que le commandement puisse compter sur la vigilance des officiers. Sans cette confiance, il n'est pas de capitaine, fût-il dans la force de l'âge, qui ne succombe à la peine : je ne donne pas trois mois de croisière sérieuse au plus vigoureux pour le voir prendre le chemin de l'hôpital. On se flatte de dormir en paix quand on aura déployé « ses filets Bullivan ». Ce sont là des illusions qui ne tiendront pas contre la première panique. Il est de règle à la guerre qu'il faut reculer son camp hors de la portée du canon ennemi : on ne dort pas sous les obus. Dormira-t-on mieux sous la menace incessante d'une insulte de canonnières, d'une attaque à fond de torpilleurs? J'ai fait quelques blocus en ma vie : je féliciterai nos futurs commandants, s'il est vrai que le temps des blocus soit définitivement passé. Je ne connais pas d'opération plus anxieuse et plus assujettissante. Nos soucis, je le sais, ne sont pas pris au sérieux par ceux qui les ignorent. Ce sont ces soucis, cependant, qui nous façonnent de bonne heure à l'épreuve de la responsabilité. Le rôle si honorable qu'ont joué pendant la dernière guerre nos marins débarqués s'expliquerait mal si l'on oubliait à quelle école la marine les avait formés. Noble profession où l'âme à son insu grandit, tu es bien digne de l'amour que tu sais inspirer à tes adeptes ! Un homme qui a tenu vingt fois la vie de tout un équipage dans ses mains connaît peut-être mieux qu'un autre ce que vaut la joie intense d'avoir discerné, dans une circonstance critique, la voie du salut. Je vais dire une énormité : quand je lis dans Cooper ce manifique épisode du passage de la frégate américaine sauvée par Paul Jones, dans le Devil's Grip [1],

---

[1] Un transfuge écossais, le fameux Paul Jones, forma, dit-on, le projet, au début de la guerre de 1778, d'enlever, pendant qu'il était aux eaux de Bath, le roi George III d'Angleterre. Cooper a fait de cette aventure, qui, disons-le bien vite, n'aboutit pas, la base d'un merveilleux roman maritime : *le Pilote*. Je ne sais s'il existe

je me prends involontairement à songer que, si
j'avais un pareil exploit maritime à mon dossier,

une traduction bien exacte du livre de Cooper. J'engage tous ceux
qui ont quelque connaissance de l'anglais à le lire dans le texte ori-
ginal. Cette attrayante lecture est un vrai régal de marin.

Au moment où la guerre de 1778 éclata, on évaluait à près d'un
millier de navires marchands, d'une valeur totale de 50 millions
de francs, les captures opérées sur les Anglais par les corsaires
américains, jusqu'alors livrés à eux-mêmes. A partir de la déclaration des hostilités par la France, ces corsaires eurent la facilité
de venir compléter leur armement dans nos ports. Les archives de
la marine possèdent un certain nombre de documents relatifs au
fameux Paul Jones et au concours prêté par l'arsenal de Lorient à
ses entreprises. M. Le Roy de Chaumont, le même, si je ne me
trompe, chez qui logea Franklin, quand il vint fixer sa résidence à
Passy, écrit de Lorient, le 2 mai 1779, au ministre de la marine,
M. de Sartines : « Monseigneur, votre dépêche reçue aujourd'hui,
qui permet d'employer la batterie de canons du *Broglie* à l'armement du *Bonhomme Richard*, lève toutes les difficultés. D'ici au
15 de ce mois, l'expédition sera sous voiles... Les équipages du
Bonhomme Richard se sont mutinés. J'y ai rétabli la paix et l'ordre
à commencer d'hier, et je les maintiendrai. »

De son côté, Paul Jones a déjà cru devoir exprimer, le 1er mai,
au ministre de Louis XVI, sa reconnaissance pour les distinctions
flatteuses dont il est l'objet. Il le fait avec une chaleur dont Cooper,
dans une des scènes les plus pathétiques de son roman, n'a fait que
reproduire fidèlement l'expression : Les Américains me sauront gré,
j'en suis convaincu, de leur donner ici le texte même d'une lettre qui a
pour eux, plus encore que pour nous, un véritable intérêt historique.

His Excellency Monseigneur de Sartine.

« I have this day had the honor to receive from the hands of
M. de Chaumont your *Excellencies* letter dated at Versailles the
27 th ult°. This singular and unsolicited mark of his *Majesties* confidence and favor lays me under the deepest and most lasting obligation, the sense whereof I shall fully retain till the last hour of my
life.

je n'échangerais pas ma gloire pour celle du vainqueur d'Austerlitz. Allez donc faire comprendre de pareilles aberrations à des *landmen !* Les marins d'aujourd'hui eux-mêmes ne les comprennent peut-être déjà plus.

« If I have any abilities they shall be exerted to the utmost in the employment of the force intrusted to my command, and hope my conduct whill at least *deserve success.*

« I am persuaded that no misunderstanding will arise between the other commander and myself, because we love and esteem each other; therefore it only remains that I return your Excellency my most sincere and grateful thanks for your polite and kind attention, beseeching you to assure the best of kings that I will faithfully communicate to Congress an account of the great honor wich is done in France to the American flag.

« I am and shall be always with sentiments, grateful esteem and respect, and with the greatest ambition to merit the continuance of your favor.

« My Lord, your *Excellencies* most obliged very obedient and very humble servant.

« J. N. L. JONES. »

Le 24 décembre 1779, un combat opiniâtre et sanglant s'engage entre la frégate américaine *le Bonhomme Richard,* commandée par Paul Jones, et le vaisseau anglais *le Serapis,* de quarante-quatre canons, commandé par le capitaine Pearson. Voyant son vaisseau près de couler bas, le commodore américain enlève le vaisseau ennemi à l'abordage.

Le même jour, la frégate corsaire *la Pallas,* de 26 canons de 8, commandée par un capitaine français, le sieur Cottineau de Kerloguen, capitaine de brûlot, s'emparait de la *Comtesse de Scarborough,* corsaire anglais de vingt-deux canons. La *Pallas* était sous les ordres de Paul Jones. Les deux prises et la *Pallas* furent conduites par le commodore américain au Texel.

CHAPITRE VIII.

Ce fut au Grand-Port que l'enseigne de vaisseau Roussin et l'enseigne de vaisseau Baudin se rencontrèrent. Une chance heureuse les réunit sur la *Sémillante.* Quel état-major le capitaine Motard allait avoir ! Peu de commandants ont eu la bonne fortune d'être aussi bien entourés : peu d'officiers, ajoutons-le, — car ce n'est que justice, — ont connu l'avantage d'apprendre leur métier sous un si bon maître.

On entrait vent arrière au Grand-Port : on n'en sortait pas aussi aisément, car la direction de la brise varie peu sous les tropiques. Voilà pourquoi le commandant Motard hésitait tant à prendre ce refuge. A peine s'y était-on abrité que l'ennemi arrivait en force et fermait la passe. Entrée au

Grand-Port le 23 novembre 1806, la *Sémillante* y était encore au mois de janvier 1807. L'amiral Baudin a raconté, dans les pages émues qu'il dictait, sur la fin de sa carrière, à ses fils, les deux dernières campagnes de la *Sémillante* : la croisière de 1807 et le combat de 1808. Nous avons emprunté à ses souvenirs le récit de la croisière de 1807 : nous n'y reviendrons pas. Quant au combat de 1808, il convient de laisser au commandant Motard et à son vaillant second, le lieutenant de vaisseau Duburquois, le soin d'en retracer les phases. Cette affaire, la plus sérieuse et la plus sanglante de toutes, est celle que les historiens maritimes appellent, d'un commun accord, « le cinquième combat de la *Sémillante* ».

Les rapports du commandant de la *Sémillante* se font généralement remarquer par un étonnant accent de sincérité. Admiré de ses compagnons, vénéré de ses disciples, estimé par les ennemis mêmes de son pays, le capitaine Motard est, dans toute la force du terme, un honnête homme. Nulle faiblesse dans l'action, nulle jactance dans le récit. On ne saurait proposer à nos jeunes officiers un meilleur modèle. Dans l'extrême Orient, si un fils s'illustre par de grands services rendus à l'État, c'est le père qu'on anoblit. La coutume n'a-t-elle pas un fond de justice? A ce titre, il faudrait tenir compte à l'ancien chef d'état-major de l'amiral Brueys et de l'amiral Ganteaume de la gloire réservée aux deux célébrités qui vont se former sous ses ordres.

« Général, écrit le capitaine Motard au général Decaen, le 10 avril 1808, je me disposai, le 4 février, après avoir reçu à bord les hommes qui m'étaient destinés pour mon complet d'équipage, à mettre immédiatement sous voiles. A quatre heures après-midi, le vent était assez frais du sud au sud-ouest; j'appareillai de la rade des Pavillons, où j'étais depuis la veille, et, d'après vos ordres, je dirigeai ma route pour aller croiser dans l'Inde. A cinq heures et quart, gouvernant au nord quart nord-ouest, on releva le morne Brabant au sud-sud-ouest deux degrés ouest, et le coin de mire à l'est trois degrés sud. Ce relèvement détermina mon point de départ avant la nuit. On fit les rôles de quart et de combat, et chacun fut mis à son poste. »

Arrêtons-nous un instant sur ce dernier détail : on fit les rôles de quart et de combat! Combien de navires, sous la République et le premier Empire, ont combattu sans avoir pris ce soin! Un ordre prodigieux, une méthode sans rivale président aujourd'hui à nos armements. Il nous a fallu de dures leçons, l'entretien permanent d'une partie de nos forces navales à la mer, pour en arriver là. Deux officiers, si mes souvenirs sont fidèles, le lieutenant de vaisseau Tabuteau et le capitaine de frégate de Gueydon, ont pu s'attribuer, à un titre presque égal, le mérite d'avoir simplifié la tâche du « lieutenant en pied » par un ingénieux système de numérotage. Ils nous ont rendu là un éminent service. La machine humaine, à bord de nos vaisseaux, fonctionne aujourd'hui avec autant d'aisance, avec autant de régularité que les muscles de fer qui travaillent au fond de la cale. On n'attend plus la sortie du port pour dresser les rôles de quart et les rôles de combat. « On ne passe plus aux billets. » Chaque matelot, le jour même où il embarque, apprend, par le numéro même qui lui est assigné, « le plat » auquel il appartient, le canot qu'il doit armer, la pièce qu'il est appelé à servir, la voile qu'il ira serrer. Tous ses postes sont contenus dans un seul chiffre. N'est-ce pas d'une simplicité vraiment admirable? Les officiers de ma génération ont tous entendu parler des « sauvages » d'un vaisseau

que je ne veux pas nommer. Ces sauvages étaient
des matelots qui, à la faveur du désordre, étaient
parvenus à se dérober à tout service. On prétendait
qu'ils se cachaient de jour dans les plus ténébreux
asiles du navire, se glissant entre les câbles, se
tapissant au milieu des futailles, ne sortant de leurs
cavernes que la nuit pour chercher leur subsistance
parmi les débris restés au fond des gamelles. Et
sous les hamacs qui formaient une masse compacte
pendue aux crocs des batteries, on entendait parfois
rouler les boulets que les insoumis jetaient à travers
les jambes du capitaine d'armes, occupé à faire sa
ronde inutile pour saisir au passage quelque délin-
quant. Smollett nous a montré, dans son *Roderick
Random,* que les vaisseaux anglais, au cours du
dix-huitième siècle, n'avaient pas à se glorifier
d'une meilleure tenue : d'étranges choses se passaient dans le royaume souterrain des caliers; la
philosophie des capitaines n'en soupçonnait guère
les abus. J'ai vu moi-même, à l'époque où je dé-
butai dans la carrière, le branle-bas du soir s'opérer sous les volées de coups de poing des aspirants.
Les crocs des batteries n'étaient pas numérotés; il
n'y en avait même pas pour tout le monde : aussi
les hommes se bousculaient-ils dans les échelles

des écoutilles pour arriver à pendre leurs hamacs les premiers. On trouvait tout naturel de nous charger de les contenir : nous nous en acquittions de notre mieux. Quelle discipline de fer il fallait pour suppléer à la règle méthodique qui faisait complétement défaut! Le fouet pour les mousses, les coups de corde et la garcette pour les hommes, on n'imaginait seulement pas qu'on pût s'en passer. Le peu d'officiers qui protestaient en secret contre un tel régime couraient grand risque d'être appelés avec dérision « des pères de famille ».

Et pourtant, en dépit de ces cruautés, tout se faisait mal : en rade, on ne serrait pas les voiles, sans avoir, au préalable, envoyé les gabiers sur les vergues « croiser les ralingues » ; en mer, la plupart du temps, on laissait les canons sommeiller aux sabords, de peur d'en écorcher la peinture. On ne lavait pas les ponts; on les grattait ou « on les briquait avec la *pierre infernale* ». Jouissez, heureux officiers du temps présent, du bon ordre que vous devez aux efforts de vos devanciers! Vous ne saurez jamais tout le labeur que cette merveilleuse organisation nous a coûté. Les longues stations, le beau ciel du Levant, la fréquentation habituelle des marines étrangères ont singulièrement favorisé l'œuvre salutaire. On a perdu peu à peu l'habitude de vivre dans sa crasse. Les galeux ont disparu : jadis on les voyait parqués, comme des bêtes fauves, sur l'avant, dans « la gatte », séparés du reste de l'équipage par un filet. Le culte de la propreté devint un instant si impérieux qu'on finit par l'exagérer. Tel capitaine laissait tomber son mouchoir sur le pont et se fâchait tout rouge s'il le relevait taché de quelques grains de poussière. Tel autre vit son nom travesti par les mauvais plaisants, parce qu'on l'accusait de peindre sans cesse. Ce fut alors qu'intervint « l'astiquage », qui convertit bientôt les parois intérieures et extérieures de nos bâtiments en murailles de stuc. Ne nous plaignons pas de ces excès de zèle; nous y avons trop gagné.

Revenons, il en est plus que temps, au commandant de la *Sémillante*. « Nous trouvâmes, continue le capitaine Motard, la mer houleuse au large des îles. Je fis rider le gréement et prendre le ris de chasse aux huniers. Le 6 février, on commença les exercices. Je reconnus que la plupart des hommes nouvellement arrivés avaient le plus grand besoin d'être instruits. J'ordonnai, en conséquence, que, chaque jour, lorsque le temps le permettrait, il y aurait des écoles du canon, de la mousqueterie et de la manœuvre. » Dépouillez les milliers de dossiers qui nous restent de cette époque : je gage que vous n'y trouverez pas souvent la trace de semblable préparation au combat.

Le capitaine Motard cependant avait, en ce moment, d'autres soucis que ceux dont la préoccupation le distingue et l'honore. « Le maître calfat, écrit-il, me prévint que la frégate, qui faisait un pouce d'eau par heure dans le port, en faisait actuellement deux et demi. J'ordonnai qu'on franchît la pompe, à la fin de chaque quart. » A quelles « vieilles barques » se trouvait alors confié, dans ces mers lointaines, l'honneur du drapeau! Les Anglais, il est vrai, étaient loin de nous opposer, de leur côté, des vaisseaux neufs. On a vu la *Dédaigneuse* traîner péniblement sa carène, veuve d'une partie de son doublage, et manquer ainsi l'occasion de combattre la *Sémillante* dans les conditions les plus avantageuses. En 1808, ce sera une autre frégate anglaise, la *Terpsichore,* qui se trouvera contrainte, par la vétusté et la fatigue de ses œuvres mortes, de laisser à Madras sa batterie des gaillards. Elle devra continuer ses laborieuses croisières avec vingt-six pièces de 12 et deux canons de 6. La même détresse a mis à l'épreuve, dans une mémorable campagne, l'industrie et l'énergique patience du bailli de Suffren. Je ne crois pas que son adversaire, l'amiral Hughes, ait eu beaucoup plus à se louer de la sollicitude de l'amirauté britannique. A quelle époque et en quel pays n'a-t-on pas oublié les absents?

Le temps, quoique couvert, était assez beau; le vent souvent faible. « Il se maintint, nous apprend le capitaine Motard, jusqu'au 10, entre le nord-est et le sud-est. Par 12° 17′ de latitude sud et 54° 16′ de longitude donnée par les chronomètres, le temps devint orageux et à grains, la brise « participa » de l'ouest au nord. » Remarquez avec quelle désinvolture le capitaine Motard parle de ses *chronomètres*. C'était chose assez rare pourtant, en 1808, que la possession d'une montre marine. Les gros vaisseaux seuls en étaient pourvus; les petits s'en passaient. La *Sémillante* s'était enrichie de ces précieux instruments de navigation aux dépens de ses prises; elle gardait les montres des vaisseaux de la Compagnie des Indes comme un gage parlant de ses victoires. Au temps des Thucydide et des Xénophon, elle eût montré l'*aplustre* des galères ennemies. A une époque plus rapprochée de nous, nous avons vu le célèbre *Alabama*

suivre l'exemple de la *Sémillante*. La chambre du
capitaine résonnait du carillon monotone de près de
cent horloges.

La mer, fort grosse, semblait agitée par un raz
de marée. On prit des ris. Jusqu'au 19 février, il
y eut beaucoup de vicissitudes dans le temps; le
vent ne cessa pas cependant d'être de la partie de
l'ouest. L'intention du commandant Motard était
« de s'élever assez à l'est pour pouvoir, avec la
mousson de nord-est, actuellement existante, atteindre la vue du cap Comorin ». Il fallait vraiment que
la navigation des mers de l'Inde fût devenue chose
familière au « capitaine général des possessions de
l'Empire français à l'est du cap de Bonne-Espérance », pour que le commandant Motard jugeât
tous ces détails techniques de nature à intéresser
un ancien soldat de l'armée du Rhin. Le général
Decaen a été, pendant six années, l'âme des entreprises qui ont tant inquiété le commerce anglais :
pour présider à ces expéditions, pour les organiser,
il était bien obligé de se renseigner sur le régime
régulier et sur les caprices souvent désastreux des
moussons. Il lui est quelquefois arrivé de n'en pas
tenir compte, et nos marins, je me fais un devoir de
le constater, auraient pu regretter alors à bon droit

le sage et judicieux contrôle du brave amiral, qui faisait route, en ce moment, vers la France.

« La pluie, écrit le commandant Motard, avait été fréquente pendant plusieurs jours : elle cessa le 23. Le 24, je fis faire un exercice à feu général de l'artillerie et de la mousqueterie. On fit également le simulacre de l'abordage et différentes manœuvres de voiles. L'officier d'artillerie me rendit compte que, dans la visite de l'apprêté de l'arrière [1], toutes les gargousses du fond du coffre

---

[1] Il existait, à bord des frégates et des vaisseaux, deux soutes à poudre distinctes : la soute de l'avant et la soute de l'arrière. On appelait *apprêté* la provision des gargousses remplies à l'avance. Cette provision, très-restreinte avant l'invention des caisses de cuivre à fermeture hermétique, ne dispensait pas, quand l'action se prolongeait un peu, de remplir pendant le combat, au fond des soutes, de nouvelles gargousses. Il est même arrivé quelquefois, m'assurait l'amiral Lalande, qu'on en vint à charger les pièces « à la cuiller ». Comment s'étonner alors de la fréquence des incendies? Rappelons-nous le combat du *Québec* et de la *Surveillante*.

Engagée à dix heures et demie du matin, le 7 septembre 1779, l'action durait encore à une heure de l'après-midi. Les deux frégates étaient complétement démâtées. La houle les rapprocha au point que l'abordage parut un instant possible. Le commandant de la *Surveillante*, le lieutenant de vaisseau Du Couédic, quoique blessé très-grièvement, venait de donner l'ordre à ses hommes de sauter à bord de la frégate anglaise; le beaupré de la *Surveillante* était engagé dans les débris de la mâture du *Québec*, lorsqu'on vit tout à coup les gaillards du navire ennemi en feu. L'incendie se communiqua promptement au beaupré de la frégate française. Une commune catastrophe semblait devoir engloutir les deux adversaires; les avirons de galère de la *Surveillante* lui permirent de

étaient mouillées. L'accident provenait d'un suintement qui s'était établi du dehors, depuis trois ou quatre jours. Une chose qui a, je crois, contribué à cette avarie, c'est l'arc, de plus en plus grand, que prend chaque jour la frégate. Le défaut de niveau empêche l'eau de se rendre aux pompes. J'ai fait jeter quatre-vingts gargousses à la mer. » Comparez donc les conditions dans lesquelles se meut une marine florissante, telle que nous la possédons aujourd'hui, à celles qu'imposait à notre flotte, sous le premier Empire, le dépérissement rapide que la pénurie de nos finances et l'absence des bois du Nord, arrêtés à l'entrée de nos ports par les blocus, ne nous laissaient pas la faculté de conjurer. Grandeur et misère, voilà quelle était, en 1808, notre situation. Si les côtes de chêne faiblissaient, les cœurs de fer, heureusement, tenaient bon ; la pourriture ne les atteignait point. Je voudrais inculquer à nos jeunes officiers le respect de leurs glorieux ancêtres. Honneur aux ouvriers qui surent tirer parti de si mauvais outils ! Ne vous semble-t-il pas qu'on n'a point rendu suffisamment justice à la

s'éloigner du foyer qui menaçait de l'étreindre de ses flammes. Les Anglais s'étaient jetés à l'eau. On parvint à en sauver quarante-trois. A quatre heures le *Québec*, commandé depuis cinq jours seulement par le capitaine Farmer, sautait en l'air.

malheureuse marine de la République et de l'Empire? Elle a vraiment accompli des miracles. La vérité vaut mieux ici que la légende.

A partir du 26 février, les vents commencèrent à hâler le nord. La frégate était entraînée au sud-est par des courants dont la vitesse fut évaluée à vingt-six milles environ par vingt-quatre heures. Contrariée, tantôt par la brise, excessivement variable, tantôt par le calme, la *Sémillante* n'avançait que lentement et péniblement vers la ligne. Le 16 mars, cependant, elle finit par atteindre le méridien de 86 degrés. Le capitaine Motard « fit mettre la route au nord ». Il pensait que la mousson le porterait, avec vent sous vergues, à une distance convenable de Pointe de Galle[1]. Son espoir ne fut pas trompé. Les vents lui permirent assez généralement de faire de petits bords au nord-ouest et au nord-est. Le 12 mars, il avait changé d'hémisphère : il se trouvait par $2° 50'$ de latitude nord et $83° 32'$ de longitude est. La mousson commençait à se faire franchement sentir : la route fut fixée au nord-ouest. On sortait des parages habituellement déserts.

---

[1] Voyez, dans l'ouvrage intitulé : *l'Amiral Baudin*, la *carte générale de la mer des Indes, du cap Comorin à l'océan Pacifique.*

L'occasion de montrer ce qu'une longue traversée bien employée peut faire d'un équipage, au départ complétement novice, ne devait pas tarder à se présenter.

« Le 15 mars 1808, à la pointe du jour, raconte le capitaine Motard, nous aperçûmes une voile dans l'est-sud-est, c'est-à-dire presque derrière nous. Je fis à l'instant virer de bord pour lui donner la chasse. Nous la reconnûmes bientôt pour un trois-mâts courant comme nous. Le vent joua beaucoup de l'est-nord-est au nord-nord-est. Ces changements me furent défavorables. A huit heures, le bâtiment chassé était beaucoup au vent. Nous mîmes le pavillon anglais de l'escadre rouge, en tirant un coup de canon. A huit heures un quart, un second coup de canon fit mettre le bâtiment étranger en panne. Il hissa en même temps le pavillon anglais. Nous changeâmes d'amures : à neuf heures, ayant arboré cette fois le pavillon français, un troisième coup de canon fit arriver sur nous le navire anglais et nous en rendit maître. Je le fis amariner par le lieutenant de vaisseau Roussin. Nous apprîmes ainsi le nom du bâtiment capturé, c'était la *Cecilia,* du port d'environ deux cents tonneaux, venant de Bourbon et allant au Bengale. Je l'expédiai pour

l'île de France, sous le commandement de l'aspirant Rabaudy. A trois heures, la *Cecilia* fit route
au sud-sud-est. De mon côté, je me dirigeai sous
toutes voiles à l'ouest quart sud-ouest. Mon intention
était de donner un peu de tour à Ceylan pour éviter
les croiseurs.

« A cinq heures moins un quart, la prise était hors
de vue. Nous aperçûmes un bâtiment dans le sud-
ouest : on le voyait d'en bas. J'espérai avoir assez
de temps pour le visiter avant la nuit, et je fis
arriver sur lui avec toutes voiles dehors. Le vent
était alors du nord-est à l'est-nord-est, jolie brise,
le temps superbe, la mer unie. Au bout d'une demi-
heure de chasse, le bâtiment fut reconnu pour un
trois-mâts de belle apparence, courant au sud-est,
c'est-à-dire les amures à bâbord. Je fis gouverner
au sud quart sud-est pour lui couper le chemin. A cinq heures et demie, je fis hisser les couleurs anglaises et tirer un coup de canon pour le
faire mettre en panne. Il n'en fit rien et continua
sa route. Plusieurs coups de canon suivirent le
premier et n'eurent pas plus de succès. La nuit
survenant nous empêcha de bien reconnaître le
bâtiment chassé. »

Ne trouvez-vous pas que le commandant Motard

abuse un peu des couleurs anglaises? Il est parfaitement admis que, pour se déguiser, on arbore, en temps de guerre, un pavillon étranger, le pavillon même de l'ennemi. Je ne crois pas qu'il soit loisible, autorisé par les règles du droit des gens, d'*assurer* — telle est l'expression reçue — ces fausses couleurs par un coup de canon. La course, dans ce cas, toucherait à la piraterie. Tout, du reste, est encore confusion et anarchie dans les conventions traditionnelles qui établissent sur mer les relations des belligérants et leurs rapports avec les pavillons neutres. Tant qu'un congrès n'aura pas codifié des coutumes vagues et transmises oralement d'âge en âge, les délicats en fait de point d'honneur courront grand risque de jouer le rôle de dupes. Est-on mieux fixé à l'égard de ces questions sur terre? Nous avons vu récemment le vainqueur, abusant des gages trop nombreux qu'il avait entre les mains, faire renaître des droits qu'on croyait dès longtemps périmés, et tirer de l'arsenal où sommeillaient depuis plus d'un demi-siècle les vieilles lois de la guerre des brutalités et des exigences qui lui ont été fort utiles, mais qu'il eût payées cher, si nous avions été en mesure d'exercer des représailles. Effaçons ce souvenir, ne laissons pas la civilisation, sous prétexte de revanche, rétrograder vers le passé. La guerre n'a plus aujourd'hui les mêmes raisons d'être qu'autrefois. Tout nous inviterait à la supprimer : ne la dépouillons pas, du moins, de ce caractère chevaleresque qui est l'honneur des temps modernes et qui tend à prévenir, mieux que les traités, des rancunes éternelles.

Le capitaine Motard croyait avoir affaire à un navire de la Compagnie : il venait, en réalité, de rencontrer une frégate anglaise, l'égale, par le tonnage et par l'armement, de la *Sémillante*, la frégate *la Terpsichore*, commandée par le capitaine William-Augustus Montague. La *Terpsichore* se rendait de Pointe de Galles à Madras. L'historien de la marine anglaise, William James, nous affirme — j'ai déjà constaté le fait — que la *Terpsichore*, dans un précédent voyage, avait dû débarquer à Madras ses caronades. Nous verrons bientôt que telle ne fut pas l'impression produite sur le commandant de la *Sémillante* par les premières volées que le capitaine Montague lui envoya. James est, la plupart du temps, très-exact : je crains fort que ce ne soit ici l'historien anglais qui ait raison. « Tout le monde, écrit Motard au général Decaen, était à son poste de combat, tout bien disposé : nous nous dirigeâmes sur le navire, que nous avions tout lieu de supposer anglais. A sept heures moins cinq minutes, ce navire mit en panne. Nous avions un feu à la corne ; il en avait deux à l'échelle de bâbord. Je fis rentrer les bonnettes, serrer les cacatois, carguer la grand'voile. A sept heures précises, nous nous trouvâmes à portée de voix. Au même instant, le bâtiment éventa, comme nous allions le héler. Je lui fis tirer un coup de canon pour le faire remettre en panne ; il répondit par un autre coup de canon, et sa batterie fut aussitôt éclairée. La nôtre l'était déjà ; les canonniers suivaient le pointage. J'ordonnai le feu, et toute la volée partit sur l'ennemi. Il nous envoya la sienne : le combat s'engagea de part et d'autre avec la plus grande vivacité. »

J'observe dans ce récit une singulière lacune. N'existait-il donc pas de signaux de reconnaissance pour la nuit ? Un feu à la corne, ce n'est pas suffisant pour se faire reconnaître. Deux feux à l'échelle de bâbord, c'est déjà un peu mieux. Je préférerais cependant quelque chose de plus net. Exerçons-nous pendant la paix à prévenir les méprises, car, avec des éperons et des torpilles, la méprise sera la mort[1]. Je voudrais que la guerre n'eût rien, en fait de précautions, à nous apprendre : nous y gagnerions beaucoup de sang-froid. Les anciennes ordonnances prescrivaient de ne pas sortir du port sans avoir ses canons chargés. Je crois la chose, depuis que les pièces se chargent par la culasse, tombée en désuétude. Plus d'un accident l'a discréditée. Des boulets ont été oubliés dans les pièces au moment de faire un salut, et une frégate américaine, entre autres, — les *États-Unis*, — a tué ou blessé, sans le vouloir assurément, sur la rade de Toulon, plusieurs hommes à bord du vaisseau français *le Suffren*. J'ai encore vu, de mes propres yeux, un sou incrusté dans le mât de misaine de ce bâtiment. Le corps du matelot frappé reposait

[1] A ce propos, ne trouverez-vous pas indispensable de mettre, dès aujourd'hui, par un règlement international, les navires de commerce en mesure de se distinguer, pendant la nuit, des navires de guerre? Ces bâtiments devraient accuser leur qualité de non belligérants par une marque distinctive des plus apparentes, par une disposition quelconque des mâts, des vergues ou de la coque, sur laquelle il fût impossible de se méprendre. « Les navires de guerre, dira-t-on, sous prétexte de se déguiser, n'emprunteront-ils pas cet emblème protecteur? » Ils s'en garderont bien, je l'espère, car il existe encore de l'honneur en ce monde. Le capitaine qui oserait se permettre une semblable félonie deviendrait, — la chose n'est pas douteuse, — l'objet de la réprobation générale. Pour ma part, je n'hésiterais pas à l'envoyer au bagne. Avisez! il en est encore temps. Avisez! si vous ne voulez pas que les mers se transforment en coupe-gorge.

depuis longtemps en terre sainte; le sou enlevé de sa poche par le projectile étranger restait là pour attester la fatale incurie des officiers américains. Que fût-il advenu si l'événement eût mis en présence sur une rade neutre des haines invétérées? On peut dire que, cette fois, suivant une expression dont on a trop souvent abusé, les canons seraient partis tout seuls. On ne saura jamais à quel point l'ordre et la discipline sont nécessaires à bord d'un navire. Nous en avons toute notre vie si bien senti la nécessité, que nous transportons involontairement les idées que nous tenons de notre éducation maritime dans le domaine de la politique. Il nous est difficile de concevoir une société qui « navigue à la part ». Autoritaire! Du quartier-maître au commandant et à l'amiral, tout marin nécessairement le sera un peu.

« Les deux bâtiments, continue le commandant Motard, étaient sous la même voilure, c'est-à-dire tout dehors, excepté la grand'voile et la brigantine. L'ennemi était à peu près par notre travers de tribord et au plus à petite portée de pistolet[1]. Le feu continua à cette distance jusqu'à huit heures

---

[1] A cent mètres, suivant James.

quelques minutes. Nous répondions aux *hurras!* de l'ennemi par les cris de : *Vive l'Empereur!* Cependant, m'apercevant du dommage que nous causait la mitraille des caronades de notre adversaire, je résolus de m'écarter d'une centaine de toises, pour diminuer l'effet de cette arme dont la *Sémillante* n'est pas également pourvue, et je fis mettre la grand'voile. »

La *Sémillante,* si les souvenirs de l'amiral Roussin, tels que je les ai recueillis de sa bouche, étaient encore fidèles, laissait, par cette manœuvre, que je me garderai bien de blâmer, échapper la victoire[1]. Il y a beaucoup d'illusions dans tous les combats, dans les combats de mer bien plus encore que dans les autres. Que de ruses, que de moyens d'action on prête à un adversaire dont l'imagination n'est pas moins féconde et se met tout aussi aisément en frais! Le commandant Motard se croit sous la volée d'une batterie de caronades laissée à Madras; le capitaine Montague accuse son antagoniste d'avoir déloyalement jeté à bord de la *Ter-*

---

[1] Voyez, dans l'ouvrage intitulé : *L'Amiral Baudin,* — p. 49 à p. 53, — le récit du combat de la *Sémillante* et de la *Terpsichore.* Ce fut dans ce combat que l'enseigne de vaisseau Baudin eut le bras droit emporté par un des derniers boulets que tira la frégate anglaise.

psichore des matières incendiaires. Le feu a gagné un paquet de gargousses et une formidable explosion s'est produite. La 7ᵉ, la 8ᵉ, la 9ᵉ, la 10ᵉ pièce de la batterie en restent désarmées. La flamme éclate en divers endroits. Le commandant de la frégate anglaise redoute, dans la confusion du moment, d'être enlevé à l'abordage : il voit, au contraire, tout à coup, à son grand soulagement, la frégate française s'éloigner. Ni Motard ni Montague n'ont pu lire dans le jeu de leur adversaire. C'est ainsi que généralement les choses se passent.

A sept heures vingt minutes, au rapport de l'historien anglais, — les horloges anglaises et les horloges françaises ne sont pas d'accord ; pour tout le reste, les témoignages ne diffèrent en aucun point essentiel, — à sept heures vingt minutes, la *Terpsichore* avait éteint l'incendie. Elle fit voile pour reprendre le combat. A sept heures trente minutes, la *Sémillante* passe obliquement devant la frégate anglaise et prend lof pour lof les amures à tribord. Imitant la manœuvre de la *Sémillante,* la *Terpsichore* vire lof pour lof à son tour. A sept heures quarante-cinq minutes, le feu de la frégate française mollit ; à huit heures, il cesse complétement. Tels sont les incidents relevés sur la table de loch du navire que commande le capitaine Montague. Transportons-nous maintenant à bord de la *Sémillante*. Il s'y passe des événements dont le capitaine Montague ne se doute pas. Nous avons laissé la frégate française occupée à augmenter la distance à laquelle jusqu'alors s'était livré le combat. « Le vent avait beaucoup molli, écrit le capitaine Motard; notre distance ne fut prise qu'à huit heures un quart. Pendant ce temps, je faisais tirer les gaillards à mitraille, la batterie à deux boulets ronds. L'extrême proximité des deux bâtiments rendait presque tous les coups assurés. A huit heures, une folle brise nous masqua. Il fallut manœuvrer en conséquence, mais la manœuvre était extrêmement lente, le gréement ayant beaucoup souffert et le pont étant encombré de débris. Le feu néanmoins ne perdait rien de sa vivacité. Nos positions respectives n'avaient presque pas changé; nous avions seulement un peu plus dépassé le travers de l'ennemi. La mollesse du vent et les avaries paraissaient devoir nous laisser longtemps dans cette situation. En ce moment, à huit heures quarante minutes, je tombai, blessé à la tête et à l'épaule. On me porta au poste du chirurgien. »

On a bien raison d'attacher une grande importance à ces combats de frégate à frégate, de leur
réserver une place à part dans les annales des
guerres maritimes. Ce sont les combats les plus
sérieux et les plus meurtriers, — les Horaces et
les Curiaces en champ clos. — Qui cédera le premier? Il n'y a pas là de ces raisons convaincantes
qui obligent une armée à s'avouer sa défaite. Rien
d'extérieur, si ce n'est les mâts qui tombent. Tout
se passe dans le cerveau du chef. Il se croit de
force encore à vaincre ou se juge irrémédiablement battu. Les têtes froides ont évidemment un
grand avantage; les impétueux ont bien aussi leur
mérite : ils triomphent sans donner à la réflexion
le temps d'ébranler leur fermeté.

La *Terpsichore*, au dire de William James, avait
à peine un bras, une bouline, une amure, une
écoute qui n'eussent été coupés par les boulets de
la *Sémillante;* la vergue de grand hunier, la corne
de brigantine, étaient brisées; le mât de misaine,
le mât d'artimon, avaient également été atteints.
Quel massacre, si la *Sémillante* eût seulement tiré
un peu plus bas! Il ne serait probablement pas
resté sur la *Terpsichore* un homme vivant. On
combattait à portée de pistolet, et c'étaient les

vergues et les mâts de hune qui souffraient. Vit-on jamais canonniers plus mal inspirés! Ne les accusons pas cependant : prenons-nous-en à ce fatal *ras de métal* qui nous a joué, pendant toute la durée de la guerre, de si mauvais tours.

Ce ne fut qu'à huit heures quinze minutes, si l'on en croit l'écrivain anglais, que la *Terpsichore* put songer à poursuivre la *Sémillante,* qui s'éloignait. Le second du capitaine Motard, le lieutenant de vaisseau Duburquois, nous expliquera les motifs qui le déterminèrent à ne pas prolonger davantage la lutte. « A huit heures quarante minutes, expose-t-il dans son rapport, joint, comme un complément nécessaire, à celui du commandant de la *Sémillante,* M. Morice, officier de manœuvre, me fit prévenir que le commandant venait d'être porté au poste du chirurgien. Je me rendis aussitôt derrière pour le remplacer; M. Morice me succéda sur le gaillard d'avant. A mon arrivée sur le banc de quart, le bâtiment que nous combattions était par le travers de nos haubans d'artimon à tribord. Le feu continuait avec beaucoup de vivacité, particulièrement aux pièces de l'arrière, quoique la nuit fût extrêmement noire. » La relation anglaise confirme cette assertion. « Les pièces de retraite de la *Sémillante,* dit-elle, continuaient de hacher le gréement de la *Terpsichore.* »

Un combat de nuit est toujours à l'avantage de l'équipage le mieux discipliné. On cite à ce sujet l'opinion du capitaine Jervis, le futur vainqueur du combat de Saint-Vincent, l'amiral dont les leçons ont le plus profité au vainqueur de Trafalgar. Appelé par l'amiral Howe à donner son avis sur le moment où il convenait d'attaquer la flotte française qui couvrait, en 1782, le siége de Gibraltar, Jervis se prononça pour une action de nuit, se fondant sur la supériorité de discipline des équipages anglais. Il est certain que l'obscurité peut encourager bien des faiblesses. J'ai entendu raconter qu'une frégate française, la *Sultane,* si j'ai bonne mémoire, n'aurait peut-être pas été prise, en 1814, si les fanaux de sa batterie ne se fussent éteints sous la commotion produite par la canonnade. De la lumière! beaucoup de lumière!... voilà ce qu'il faut aux Français. Ils n'ont pas plus de goût qu'Ajax pour les ténèbres.

« Je distinguai bientôt, poursuit le lieutenant de vaisseau Duburquois, que l'ennemi avait le dessein de venir sur bâbord; car il serrait peu à peu le vent de ce côté. Je voulus parer à ce mouvement qui exposait notre poupe, et j'ordonnai d'imiter promptement la manœuvre de l'ennemi. Je dis à M. Roussin, commandant de la batterie, de faire mettre tout le monde aux pièces de bâbord. Malheureusement, il n'y eut qu'une partie de cet ordre qui put être exécutée : la manœuvre des voiles ne put être faite; tous les bras de tribord étaient rompus. Les gabiers me prévinrent en même temps que cinq grands haubans étaient coupés à bâbord. Il y en avait également deux de moins au mât d'artimon. Ces avaries rendaient impossible l'exécution de l'ordre donné de tenir le vent. Je pris donc le parti de rester comme j'étais auparavant et de courir vent arrière, pour laisser aux gabiers le temps de repasser les bras. »

Les gabiers ! c'est par eux, plus encore que par les canonniers, que nous péchions. Les meilleurs peuplaient les pontons : ils s'étaient fait prendre sur les corsaires. Que de fois j'ai entendu mon père, j'ai entendu l'amiral Lalande, maudire ces expéditions d'aventure qui épuisaient les dernières ressources de notre inscription maritime, la plus belle pépinière d'hommes de mer que nation moderne ait jamais possédée! Ce précieux legs de la monarchie s'en allait en détail, sans profit pour personne, pas plus pour les corsaires eux-mêmes que pour l'État. Il n'y a pas à le nier; un navire sans mâture est un navire perdu. L'ennemi peut tourner autour de lui tout à son aise et l'accabler de projectiles, pendant qu'il n'aura pas une pièce en mesure de répondre. On comprend donc fort bien l'inquiétude du lieutenant Duburquois lorsqu'il apprit que ses mâts chancelants n'étaient plus soutenus que par l'appui précaire d'un ou deux haubans. La manœuvre qu'il commanda était tout indiquée : on en imaginerait difficilement une autre. Nous avions eu un instant la victoire dans les mains : l'occasion fut manquée, quand le commandant Motard crut devoir augmenter sa distance. Il n'était pas aisé de la ressaisir.

« L'ennemi, nous apprend le commandant intérimaire de la *Sémillante,* avait achevé son mouvement, sans essayer cependant d'en profiter. Il tenait le vent. Bientôt il ne tira plus. Quelques minutes avant neuf heures, nous étions hors de portée. Nous cessâmes le feu de nos canons de retraite. » Les Anglais ont également constaté cette phase importante de l'engagement; seulement, ils l'ont reportée à dix heures du soir. « A minuit, nous apprend William James, les deux frégates étaient à un mille et demi l'une de l'autre. L'équipage anglais dormit aux postes de combat. »

Le lieutenant de vaisseau Duburquois ne pouvait se dissimuler la gravité de la situation. « Je profitai, dit-il, de ce moment de relâche pour connaître nos avaries et les réparer. Je fis monter deux hommes de chaque pièce, afin qu'ils vinssent en aide aux gabiers. J'ordonnai en même temps aux différents maîtres de s'occuper chacun de son détail et de me rendre compte immédiatement du dommage qu'ils y trouveraient. Le chirurgien-major me prévint, de son côté, qu'il y avait vingt-deux hommes hors de combat. » Les pertes de l'ennemi étaient plus considérables encore : naturellement on l'ignorait. Sur un équipage de cent quatre-vingts hommes, la *Terpsichore* comptait vingt et un hommes tués, dont un lieutenant, et vingt-deux blessés. Deux de ces hommes succombèrent plus tard à leurs blessures. La *Terpsichore* cependant se disposait à reprendre, dès qu'elle le pourrait, l'offensive. Les traditions de la marine anglaise, à cette époque, lui en faisaient une loi. Le capitaine eût été coupable qui se fût contenté de repousser l'attaque d'une frégate française : il était tenu, sous peine de passer devant une cour martiale, d'essayer, à tout risque, de la prendre. Plus d'un se trouva mal de cette obstination; d'autres lui durent une victoire remportée contre toute probabilité. Les armées de terre offraient le même spectacle : en notre faveur, cette fois. Rien de tel que de bien commencer.

L'état de sa mâture inquiétait surtout, et, disons-le, inquiétait à bon droit, le remplaçant du capitaine Motard. Il pouvait se rappeler que, faute d'avoir su réparer à temps ses avaries, la *Piémontaise* avait été récemment capturée par le *San-Fiorenzo*, à la reprise d'un combat qui donnait de meilleures espérances. Le lieutenant Duburquois, dans le rapport que nous avons sous les yeux, insiste avec raison sur les précautions qu'il crut, à ce sujet, devoir prendre. « Mes premiers soins, écrit-il, furent d'assurer le grand mât, qui n'était plus soutenu. Le temps se mit à grains, et il y eut un peu de pluie. Le vent fut alternativement calme et frais de l'est-nord-est. La mer, devenue houleuse, rendait de plus en plus inquiétantes les avaries de nos mâts. Nous avions le cap à l'ouest quart sud-ouest. Je fis prendre peu à peu du sud à la route, pour éviter l'approche de Pointe de Galles, où nous avions appris qu'il y avait des croiseurs. »

Rendons-nous bien compte de la situation. Voici une frégate perdue, isolée, au milieu du vaste océan Indien. Qu'une voile apparaisse à l'horizon, cette voile sera nécessairement suspecte; la meilleure chance à prévoir, c'est que la voile soit neutre. Pour des secours, il n'en faut point attendre, ni du nord, ni du sud, ni de l'est, ni de l'ouest; on tournerait vainement les yeux vers les quatre points cardinaux. L'espoir de revoir un jour le port réside tout entier dans une marche supérieure assistée d'une mâture intacte. Quand les mâts branlent, quand les vergues fléchissent, fût-on cent fois vainqueur, eût-on renouvelé les prouesses de la *Surveillante*, eût-on vu l'incendie dévorer le *Québec* et couché triomphant sur le champ de bataille, il est impossible de ne point songer que peut-être les pontons de Portsmouth ne sont pas loin.

« A dix heures, écrit le lieutenant Duburquois, nous courions au sud-ouest : l'ennemi mit à notre route. J'ordonnai de l'observer toute la nuit et de ne pas l'écarter. Sa position au vent à nous le favorisait, en lui faisant sentir le premier la fraîcheur des brises. Nous eûmes très-peu d'avantage sur lui. A quatre heures, il n'était pas à une lieue dans nos eaux. Enfin le jour se fit : je reconnus le bâtiment que nous avions combattu pour une frégate. Aucune relâche ne s'offrait à nous; il n'était aucun lieu qui ne fût beaucoup plus long à atteindre que l'île de France. Toutes ces considérations me déterminèrent à y aller. Je fis part à M. Motard de mon opinion : il la partagea. Appuyé de son avis, j'ordonnai de faire route. L'ennemi nous suivit de près. Le 19, après midi, plusieurs grains l'amenèrent à un peu plus de deux portées de canon. Le lendemain, quelques boulets que je fis tirer en retraite parvinrent jusqu'à lui. Le vent nous sépara encore. Le 20, me trouvant à près de trois lieues de l'avant, et la brise étant assez fraîche de l'est-sud-est à l'est-nord-est, je vins au sud-ouest, du sud-ouest à l'ouest, puis à l'ouest-nord-ouest ; enfin, à trois heures, au nord-ouest, où je fis gouverner le reste de la nuit. Au jour, nous ne vîmes plus rien du haut des mâts. J'ordonnai de gouverner au sud, pour nous écarter un peu de la partie méridionale des îles Maldives. Le 21, je fixai la route au sud-est. »

Le 12 avril 1808, la *Sémillante* mouillait au Port-Louis de l'île de France. Le 7 mai, on la désarmait. On ne dira pas que ce repos n'eût été bien gagné. La pauvre frégate, littéralement, n'en

pouvait plus. Que de réflexions suggère cette carrière aventureuse! La guerre maritime sera toujours une très-rude épreuve pour les tempéraments
les plus robustes, pour les constitutions les mieux
trempées. Au moins faudrait-il la faire dans des
conditions d'égalité physique et morale. Ce fut à
peine le cas de 1778 à 1783. Depuis lors, nous
n'avons connu que des luttes sans espoir, que des
combats où nous avions tout contre nous, le matériel, le personnel et le souvenir des rencontres
passées. Si les marins de la République et de l'Empire revenaient au monde, s'ils pouvaient contempler nos arsenaux regorgeant de richesses, nos rades
couvertes de vaisseaux dans la plénitude de leur
force et de leur armement, s'ils voyaient surtout ce
bon ordre, cette méthode dont ils ne concevaient
pas même l'idée, je suis sûr qu'ils s'étonneraient
de la modestie de nos ambitions. Et pourtant ce
serait folie, selon moi, de vouloir, dans l'état présent de l'Europe, aspirer à l'empire des mers.
L'Angleterre a fait de cette domination la condition
même de son existence : on ne lui arrachera pas le
sceptre, sans que le continent tout entier s'en mêle.
J'irai d'ailleurs plus loin : je ne vois pas trop, la
chose fût-elle possible, ce que la France aurait à y

gagner. Si d'autres le savent, qu'ils nous le disent.
Je n'ai donc jamais visé l'Angleterre dans mes méditations. Je n'ai jamais non plus demandé à l'Angleterre d'être notre alliée. Je reconnais, avec re-
gret je le confesse, qu'il n'y a pas entre nous assez
d'affinités de race pour qu'un rapprochement du-
rable soit possible. L'Angleterre se souvient trop de
son origine saxonne. Je lui demande d'être neutre,
d'écarter de son sein les espérances hostiles : mes
vœux ne vont pas au delà. J'espérais mieux avant
l'année 1870. Prenons-en notre parti et accommo-
dons à cette situation nouvelle notre politique.

Le 20 novembre 1808, après une campagne de
six années passées presque constamment en croisière, le capitaine Motard reprenait enfin la route
de France sur sa vieille frégate convertie en
« aventurier » et sous la conduite du fameux Surcouf. « Il avait, suivant le témoignage qui lui fut
rendu par le *Moniteur* du 25 février 1809, par-
couru un espace de trente-deux mille lieues dans
les mers de l'Inde, soutenu avec succès cinq combats contre des forces supérieures et fait éprouver
au commerce anglais une perte d'environ 28 millions de francs. » Hélas! le commerce anglais n'en
était pas à 28 millions près! Sa prospérité date de la

guerre acharnée que nous lui avons faite. Si le commandant de la *Sémillante* eût fait baisser pavillon à la *Terpsichore,* ce seul fait d'armes sauverait plus sûrement son nom de l'oubli que toutes les dévastations sur lesquelles s'étend avec complaisance le *Moniteur* : le capitaine Motard marcherait aujourd'hui de pair avec Ducouédic. Il s'en fallut de bien peu que ce résultat fût obtenu. Dans tout combat de mer, un boulet, un seul boulet, peut faire tourner la chance. On l'a bien vu, quand l'*Alabama* et le *Kearsage* se rencontrèrent dans les eaux de Cherbourg. On le vit également, en 1871, quand le *Bouvet* et le *Meteor* combattirent, en vue de la Havane, le combat de deux nations. Aussi faut-il être juste et ne pas marchander la gloire à ceux qui font bravement leur devoir. Le combat de la *Terpsichore* et de la *Sémillante* mérite d'occuper une place très honorable dans nos fastes maritimes. Nous comptons, après tout, beaucoup de ces belles journées. Ce qui nous manque, c'est le trophée : nous ne l'emportons pas aussi souvent que nos rivaux. Ils n'ont peut-être pas notre élan, — bien que l'*english pluck* ait aussi sa valeur ; — nous devrions leur emprunter leur ténacité. La ténacité, c'est la qualité anglaise par excellence.

Leur structure physique elle-même en porte l'empreinte. Ils ont, qu'on me passe l'expression, la mâchoire du boule-dogue : le morceau qu'ils ont saisi, ils ne le lâchent plus. Mon père, — je l'ai dit bien souvent; qu'il me soit permis de le répéter encore, — mettait la prise d'une frégate anglaise au-dessus de toutes les actions de guerre que l'histoire se plaît à célébrer. Ce fut toujours pour lui le comble de la gloire. Tel est l'immortel honneur que l'année 1810 réservait aux Duperré et aux Bouvet.

L'Empire, quand il s'agissait de la marine, n'était pas prodigue de ses faveurs. Il lui tenait en quelque sorte rigueur, et l'Empereur ne cessa jusqu'à son dernier jour de l'accuser de ses déceptions. Quel dévouement cependant on rencontrait dans les rangs de cette flotte si souvent sacrifiée! Quel enthousiasme, je ne dirai pas pour la patrie seulement, mais pour la personne du souverain! J'ai vu ce sentiment poussé jusqu'à l'idolâtrie; je l'ai trouvé dans ma propre famille, vivace encore, quand déjà on le sentait s'évanouir peu à peu dans l'armée. Le capitaine Motard reçut, pour prix de ses services, le titre de baron, avec une dotation. On le nomma commandeur de la Légion d'hon-

neur; on ne l'éleva pas au grade de contre-amiral.
Le commandant de la *Sémillante* se tint pour
amplement récompensé. Il était cependant capitaine de vaisseau depuis le 24 septembre 1803. En
1811, on lui confia le commandement de l'École
spéciale de la marine, établie à Toulon. Pouvait-
on placer de jeunes élèves sous une meilleure
direction? Pouvait-on leur offrir un plus digne
modèle à suivre? Instruction solide, distinction de
manières et d'esprit, courage à toute épreuve, rien
ne manquait au baron Motard. Mais bientôt la
marine ne fut plus qu'une armée de réserve. L'Empereur prit l'habitude d'y puiser à pleines mains
des soldats. Le 11 septembre 1811, le capitaine de
vaisseau Motard fut désigné pour commander, en
qualité de colonel-major, l'équipage des marins de
la garde impériale. Il avait alors quarante ans. Il
passa en Allemagne : sa santé ne lui permit pas
d'achever la campagne de Russie. Il dut rentrer en
France et fut, sur sa demande, admis, le 25 novembre 1813, à prendre sa retraite.

La Restauration le nomma contre-amiral hono-
raire. Il est mort à Honfleur, le 25 mai 1852, âgé,
par conséquent, de quatre-vingt-un ans. Les fatigues
de la mer, on le voit, ne tuent pas plus sûrement

que les lits de plume. Bouvet lui-même, le glorieux Bouvet, ne terminera sa brillante existence
que le 18 juin 1860, dans sa quatre-vingt-cinquième
année.

CHAPITRE IX.

Avec l'année 1809 s'ouvre une nouvelle phase dans les opérations navales dont les mers de l'Inde sont le théâtre. Nous prenons tout à coup l'ascendant, un incontestable ascendant, sur l'ennemi. Ce résultat est dû à trois capitaines : Duperré, Bouvet et Hamelin. Le commodore Rowley rétablit peu à peu, par sa prudence, par son activité, par son énergie, la situation que des officiers téméraires ont compromise d'une façon qui semble irrémédiable. L'honneur de la marine anglaise, dans cette période, est sauf : la gloire de la marine française n'en est que plus grande. J'ai eu le très-appréciable avantage, quand j'étais enseigne de vaisseau, d'être présenté à l'amiral Rowley, commandant de l'escadre de la Méditerranée après le départ de l'amiral Malcolm. Le capitaine Lalande voulut bien m'expliquer, à cette occasion, les motifs qui lui faisaient tenir en si haute estime les services de l'officier général devant lequel il inclinait respectueusement sa renommée naissante. Je n'hésite jamais à rendre justice à nos anciens ennemis : l'histoire ne doit pas être faite de patriotisme, mais de vérité.

Au mois de mars 1808, pendant que la *Sémillante,* convertie en navire de commerce, achevait ses préparatifs de départ, on vit arriver à l'île de France deux nouvelles frégates : la *Caroline,* commandée par le capitaine Billard, et la *Manche,* sous les ordres du capitaine Dornal de Guy. A la même époque, l'ancien corsaire de Robert Surcouf, *le Revenant,* acheté par le gouverneur général, devenait la corvette *l'Iéna,* corvette armée de quatorze caronades. La colonie retrouvait ainsi une marine, bien faible marine sans doute, mais marine redoutable encore pour le commerce de l'Inde, grâce aux traditions que léguaient aux commandants Billard et Dornal de Guy leurs devanciers. Plus tard viendront la *Canonnière,* avec le capitaine Bourayne; la *Vénus,* avec le commandant Hamelin. Je ne puis suivre tous ces bâtiments dans leurs croisières; je m'attacherai aux pas de la corvette *l'Iéna,* car c'est sur cette corvette que je vais retrouver le futur vainqueur du Tage.

Le lieutenant de vaisseau Morice a pris le commandement de l'*Iéna* : il demande et obtient pour second son ancien compagnon de la *Sémillante,* l'enseigne de vaisseau Roussin, promu au grade de lieutenant le 12 juillet 1808. Jusqu'au 8 octobre, l'*Iéna* croisa dans le golfe Persique, à l'entrée de la mer Rouge, dans le golfe du Bengale, partout, en un mot, où l'on pouvait se promettre l'espoir de quelque butin. Le 8 octobre 1808, au milieu de la nuit, la vaillante corvette rencontra la frégate anglaise *la Modeste,* de quarante-six canons. Que pouvait-elle faire contre des forces aussi supérieures? Honorer sa défaite : elle n'y manqua pas. L'*Iéna* ne se rendit qu'après un combat de deux heures cinq minutes. Les Anglais apprécièrent l'héroïsme de cette longue défense : quand les prisonniers français arrivèrent à Calcutta, le capitaine et le second de l'*Iéna* furent logés au palais du gouvernement et traités avec les plus grands égards.

Si douce qu'elle puisse être, la captivité n'en est pas moins bien lourde à supporter pour de jeunes courages impatients de prendre leur revanche. L'échange ardemment désiré ne put être consommé qu'au bout de onze mois. Le 12 décembre

1809, un parlementaire anglais, *l'Henrietta,* débarquait Morice et Roussin à l'île de France : le 2 janvier 1810, Duperré ramenait à Morice sa corvette, reprise sur l'ennemi le 2 novembre 1809, à l'embouchure du Gange. L'ancien *Revenant,* la corvette *l'Iéna,* portait cette fois encore un nouveau nom. Les Anglais l'avaient baptisée le *Victor ;* le général Decaen lui conserva ce nom, qui rappelait un heureux retour de fortune. Le lieutenant Morice en reprit le commandement. Roussin ne suivit pas à bord du *Victor* ce capitaine rentré d'une façon aussi inespérée en possession d'un navire valeureusement défendu ; le sort lui réservait mieux. Le 11 janvier 1810, Roussin embarquait sur la frégate *la Minerve,* commandée par le capitaine de frégate Bouvet.

Le général Decaen demandait par tous les courriers, demandait avec une insistance croissante des renforts. Le capitaine Duperré se chargea de lui en fournir aux dépens de l'ennemi. Parti de Saint-Servan avec une seule frégate, la *Bellone,* au mois de février 1809, arrivé à l'île de France le 14 mai, en croisière dès le 17 août, Duperré rentrait au Port-Louis, le 2 janvier 1810, à la tête d'une division. Le *Victor* et la frégate portugaise *la Minerve,* capturée après une heure quarante-cinq minutes de combat, faisaient cortége à l'ancien commandant de la *Sirène.* Jadis sur la *Sirène,* Duperré, à l'entrée de Lorient, avait bravé la volée d'un vaisseau de ligne : combattre des frégates ne lui semblait plus qu'un jeu. L'emphase et la déclamation me font justement horreur, et pourtant comment rester froid devant les beaux faits d'armes que j'aurai tout à l'heure à raconter? « Je vais, se hâtait d'écrire au ministre le général Decaen, mettre le commandant Duperré à même de trouver de nouvelles occasions de s'illustrer. » Ces occasions-là vont volontiers au-devant de ceux qui les courtisent. « On n'est pas constamment heureux, me disait l'amiral Lalande, sans qu'il y ait pour cela quelque raison. »

Le 14 mars 1810, la *Bellone,* accompagnée de la *Minerve* et du *Victor,* pour lesquels le général Decaen sut faire, en quelques jours, sortir des équipages d'un sol tout brûlant d'enthousiasme, la *Bellone* reprenait la mer : le 20 août, ce n'étaient plus trois bâtiments, mais cinq, qui se présentaient, sous pavillon français, à l'entrée du Grand-Port. Deux vaisseaux de la Compagnie, le *Ceylan* et le *Windham,* commandés, le premier, par l'enseigne de vaisseau Moulac, de la *Minerve,* le second, par un officier de la *Bellone,* avaient, après une résistance opiniâtre, changé de maîtres.

On ne raconte plus la bataille d'Austerlitz : à qui pourrait-on avoir la prétention d'apprendre aujourd'hui les incidents qui ont marqué le combat du Grand-Port? Ce combat-là, il est dans toutes les mémoires : il défraye les entretiens du gaillard d'arrière; il demeurera longtemps encore la légende favorite du gaillard d'avant. Je ne puis pas cependant le passer tout à fait sous silence; je me contenterai d'en abréger les détails. Les Anglais, pendant l'absence de la division Duperré, s'étaient emparés, le 9 juillet 1810, de l'île Bourbon; le 14 août, ils surprenaient et occupaient, à l'entrée du Grand-Port, le fort bâti sur l'îlot de la Passe. Du Bengale, de Madras, du cap de Bonne-Espérance, des troupes, embarquées sur de nombreux transports, accouraient pour se concentrer à l'île Rodrigue. On sait que Rodrigue est située à cent lieues environ au vent de l'île de France. La base d'opérations était bien choisie. L'orage s'amassait ainsi lentement : quelques jours encore, il allait crever sur la dernière île qui restât en notre possession dans la mer des Indes.

Soliman avait voulu supprimer Malte; Charles-

Quint, Alger[1] ; le gouvernement de Calcutta jugeait, à son tour, nécessaire de faire disparaître « le nid de scorpions » si funeste à ses flottes marchandes.

Trompée par le pavillon français, toujours arboré sur l'îlot de la Passe, arboré également à bord de la frégate mouillée sous cet îlot, la division Duperré donne, le 20 août, à pleines voiles dans le Grand-Port. L'ennemi, à l'instant, se démasque : la frégate, le fort déploient le pavillon britannique. Au signal du commandant Duperré, la *Minerve* a pris la tête de la colonne : Bouvet, familier avec les récifs de la baie, guidera la division française au mouillage. La *Minerve* essuie les volées du fort, envoie en passant sa bordée à la frégate anglaise, et va jeter l'ancre au fond de la rade. Toute la division l'a suivie[2].

Que pouvaient avoir à redouter nos vaisseaux dans cette position? N'y avaient-ils pas cent fois trouvé un refuge assuré contre les forces supérieures de l'ennemi? Oui, l'asile autrefois était sûr : mais le fort qui commande l'entrée du Grand-Port n'était pas alors au pouvoir des Anglais; l'île

---

[1] Voyez les ouvrages intitulés : *Doria et Barberousse* et *les Corsaires barbaresques ;* Plon, Nourrit et Cie, éditeurs. Je reviens encore sur ce sujet dans un autre ouvrage : *Les Chevaliers de Malte.*

[2] Voyez, à la fin du volume, le *plan du Grand-Port.*

8.

elle-même n'était pas menacée d'un débarquement. Le Grand-Port, aujourd'hui, n'est plus un abri; c'est une nasse. Dans de telles conditions, ne pas désespérer de la défense, songer à embosser les frégates, au lieu de les incendier, sera déjà une résolution héroïque.

Les Anglais, heureusement, attaquèrent avec une audace irréfléchie : ils se laissèrent emporter par l'espoir d'un facile succès. Aussitôt que l'escadre de blocus put être avertie, elle accourut. Trois nouvelles frégates vinrent, le 22 août, rejoindre la *Néréide*, qui continuait de garder l'entrée du Grand-Port : *Néréide, Sirius, Iphigénie, Magicienne,* se précipitèrent vers la division Duperré, comme si la voie qui devait les mener au combat ne cachait pas d'embûches. Les bancs de coraux se signalent d'eux-mêmes sous une eau calme : ils se signalent par de larges plaques blanchâtres tachant la nappe bleue ou verte; seulement, pour apercevoir à temps le danger, il faut avoir le soleil derrière soi. Les Anglais firent route avec le soleil dans les yeux. Des marins aussi consommés! qui l'eût jamais cru? La *Néréide* tire moins d'eau que les autres frégates; elle franchit les hauts fonds sans s'échouer. En mouillant, elle s'embosse à portée de pistolet de la division française. Le capitaine Willoughby la commande. Si la marine britannique eût eu, dans cette journée, à faire choix d'un champion, elle n'eût pu en faire sortir de ses rangs un plus brave. Bravoure et imprudence quelquefois se confondent : c'est la fortune qui en décide. Le *Sirius* et la *Magicienne* suivaient la *Néréide*. Elles s'arrêtent brusquement, la proue tournée vers la *Bellone* et vers la *Minerve*. Le même lit de coraux vient de heurter leurs quilles; le même récif les retient serrées dans son implacable tenaille. Tous les efforts pour les dégager et les remettre à flot seront inutiles. Ce spectacle ne sera pas perdu pour le futur amiral Roussin : il s'en souviendra quand il devra, en 1833, forcer l'entrée du Tage.

Le fortune abandonne donc enfin cette Angleterre que jusqu'ici elle a tant gâtée! Pas de milieu pour les capitaines du *Sirius* et de la *Magicienne* : il leur faut, en ce jour, vaincre ou périr sur place. Mieux inspirée ou avertie par le sort de ses conserves, l'*Iphigénie* jette l'ancre à mi-chemin. La division française ouvre le feu. La *Néréide,* la première, riposte. L'action ne sera qu'un duel de canonniers; la manœuvre n'y jouera aucun rôle. Qu'importent les avaries de mâture à ces pontons

forcément immobiles? Tout boulet qui ne frappe
pas en plein bois est un boulet perdu. Les câbles de
la *Minerve* et du *Ceylan* ont été coupés dès les premières volées : ces deux navires sont jetés en travers et vont s'échouer sous le vent, — la *Minerve*
à demi masquée par la *Bellone*, le *Ceylan* couvert
en partie par la *Minerve*. La ligne d'embossage ne
forme plus qu'un bloc hérissé d'artillerie : la batterie de la *Bellone* s'est, en quelque sorte, allongée
de 18 pièces, — 9 appartenant à la *Minerve*,
9 autres garnissant les flancs du *Ceylan*. — Cette forteresse de bois, à double étage et à triple redan,
accable la *Néréide* de ses projectiles. Quarante
bouches à feu font voler en éclats les bordages de
la malheureuse frégate. L'artillerie de la *Néréide*
est bientôt réduite au silence.

Le *Sirius,* négligé, est, en réalité, peu à craindre : ses pièces de chasse sont les seules qui puis-
sent porter. La *Magicienne* occupe une position
moins désavantageuse. Plusieurs de ses canons
prennent en écharpe la *Minerve.* A dix heures et
demie du soir, la victoire n'est plus douteuse. La
Néréide tire un dernier coup à mitraille. Ce seul
coup — tant le hasard a de part dans les combats de
mer — va peut-être changer la face de la journée.

Atteint à la joue gauche par un biscaïen, le commandant Duperré est renversé de son banc de quart. Le vainqueur du Grand-Port en gardera la profonde cicatrice toute sa vie. J'ai entendu raconter, — car j'eus la bonne fortune d'approcher, quand j'étais encore un enfant, les acteurs de ce drame héroïque, — j'ai entendu raconter, dis-je, que, dans le désordre produit par un incident si funeste, peu s'en fallut qu'on ne jetât le corps mutilé du commandant de la *Bellone* à la mer. Semblable précipitation se rencontre souvent dans le feu de la bataille. Je pourrais citer telle dunette qui, le 17 octobre 1854, devant Sébastopol, fut dégagée de cette brusque façon. L'enseigne de vaisseau Vigoureux étendit un pavillon de signaux sur le corps du glorieux blessé qui ne donnait plus signe de vie et prit soin de le faire transporter, inconnu, caché à tous les yeux, au poste des blessés. Dans la batterie, les canonniers ne soupçonnèrent rien de ce qui se passait sur le pont : le feu ne se ralentit pas un instant.

Bouvet cependant a été prévenu : il confie la *Minerve* à son second, le lieutenant de vaisseau Roussin, et vient prendre, avec le commandement de la *Bellone,* la direction générale du combat. Collingwood a remplacé Nelson. L'amiral Roussin se rappelait encore, en 1847, les démêlés qui suivirent le triomphe éclatant du 23 août 1810 : j'ai appris de sa bouche les prétentions des officiers de la *Minerve,* les répliques indignées des officiers de la *Bellone,* chacun revendiquant pour son chef l'honneur de la journée. Comme s'il n'y avait pas dans un pareil fait d'armes assez de gloire pour tous, assez de lauriers pour les uns et pour les autres! Des duels insensés faillirent avoir lieu. Le débarquement des Anglais sur les côtes de l'île détourna heureusement les esprits échauffés de cette misérable querelle. Nous retrouvons là un des fâcheux côtés de notre humeur nationale. Il y aurait eu beaucoup à dire, beaucoup à récriminer après la bataille de Trafalgar. Les Anglais songèrent-ils à diminuer l'éclat de leur triomphe, en faisant le procès à quelques capitaines attardés, en discutant les mérites du héros qui montait le *Victory* et du commandant en sous-ordre appelé par la balle du *Redoutable* à compléter notre défaite? Le capitaine Duperré fût-il mort sur le coup, que c'est encore sur son cercueil qu'il eût fallu déposer les drapeaux anglais. Le commandement en chef répond de tout : vous lui attribuez de trop grandes responsabilités pour avoir le droit de lui disputer la conquête, n'eût-il fait que donner le signal de la charge.

Je rappelais tout à l'heure le nom de Collingwood. Quelle que soit mon admiration — oserai-je dire ma sympathie instinctive? — pour ce sage et vertueux grand homme, je crois qu'il eût été heureux pour l'Angleterre que, le jour où Nelson fut frappé, son successeur s'appelât Bouvet : la victoire eût été poursuivie plus énergiquement. Bouvet, en effet, a l'audace ingénieuse, active, féconde en ressources, toujours emportée sur les ailes de l'espérance. A peine a-t-il mis le pied à bord de la *Bellone* qu'il juge la *Néréide* incapable de reprendre la lutte. C'est sur la *Magicienne* qu'il fait concentrer tout le feu dont il dispose. Des soldats longtemps victorieux ne se décident pas aisément à s'avouer leur défaite. A Reischofen, à Frœschviller, la retraite ne nous était peut-être pas, au début, interdite : nous préférâmes disputer un terrain où l'inondation croissait d'heure en heure. Du matin au soir, nous luttâmes acharnés, nous combattîmes contre des forces triples et quadruples des nôtres, impuissants à désespérer de la victoire. Les Anglais, au Grand-Port, n'avaient, d'ailleurs, pas le choix.

La brise, à défaut d'échouage, les eût empêchés de rétrograder. Ils résistèrent toute la nuit; ils résistèrent encore le lendemain. Le 24 août, au matin, le lieutenant de vaisseau Roussin, sur l'ordre du commandant Bouvet, partit de la *Minerve* pour aller amariner la *Néréide*. Plus de quarante ans après, l'affreux spectacle que le pont et la batterie de la frégate anglaise offrirent à ses regards hantait encore, comme un sinistre rêve, sa pensée : cent soixante morts ou blessés gisaient pêle-mêle dans une mare de sang. Ce fut au fond de l'entre-pont que le nouveau commandant de la *Minerve* reçut l'épée du capitaine Willoughby, dangereusement blessé et couché dans un cadre. Il la reçut avec le respect que nous n'avons jamais su refuser au courage malheureux. Quels hommes que ceux de cette époque, et combien je me félicite de les avoir connus! J'ai appris, dès l'enfance, à les vénérer : leur souvenir aujourd'hui console et réjouit ma vieillesse.

La *Magicienne* garda son pavillon arboré pendant toute la journée du 24 août. Elle le garda jusqu'à la nuit. De temps en temps, quelque coup isolé venait affirmer qu'elle ne se rendait pas encore. Nous répondions par des salves entières. Vers neuf heures du soir, l'opiniâtre frégate avait terminé l'évacuation de ses blessés. Un jet de flamme apprit aux vainqueurs que, pour ne pas laisser leur frégate échouée tomber entre nos mains, les Anglais prenaient le parti de l'incendier. A dix heures, une explosion formidable en dispersa les débris. Le 25 au matin, une seconde éruption annonça la destruction du *Sirius*. L'*Iphigénie,* par de prodigieux efforts, était parvenue à se touer jusqu'à l'île de la Passe, se mettant ainsi hors de la portée de nos coups. Nous restions maîtres d'un champ de bataille sur lequel il n'y avait plus à ramasser que des épaves.

Le 27 août apparut à l'entrée du port la division Hamelin, composée de trois frégates et d'un brick : *la Vénus, la Manche, l'Astrée* et *l'Entreprenant.* Sommé de se rendre, le commandant de l'*Iphigénie,* le capitaine Lambert, reconnut l'impossibilité d'opposer à tant de forces réunies le feu de sa seule frégate : il nous remit, avec l'*Iphigénie,* le fort de la Passe. Le pavillon anglais n'y avait flotté que pendant quatorze jours. N'étions-nous pas en droit de nous écrier, comme Nelson après Aboukir : « Ce n'est pas une victoire, c'est une conquête » ? Jamais triomphe ne fut plus complet. Nous l'avions, il est vrai, payé cher. Les deux frégates et le *Cey-lan* comptaient cent cinquante marins et plusieurs officiers hors de combat.

Les Anglais ne nous ont pas souvent donné de ces joies-là. Ce n'était pourtant pas la dernière que nous réservaient les mers de l'Inde.

CHAPITRE X.

COMBAT DE L' « IPHIGÉNIE » ET DE L' « AFRICAINE ». —
PRISE DE L'ILE DE FRANCE PAR LES ANGLAIS.

Dès les premiers jours de septembre, l'*Iphigénie,*
seul navire qui fût sorti intact du combat du Grand-
Port, était armée avec un équipage d'élite et confiée
au capitaine de vaisseau Bouvet. Le capitaine
général Decaen venait, en vertu des pouvoirs qu'il
tenait de l'Empereur, de conférer provisoirement
ce grade à l'ancien commandant de la *Minerve.* Le
12 septembre, l'*Iphigénie* et l'*Astrée,* commandée
par le capitaine Lemarant, se présentaient devant
l'île Bourbon. Quatre voiles, sortant, l'une de Saint-
Denis, les trois autres de Saint-Paul, se réunissent
et mettent le cap sur la division française. Quatre
voiles! D'où peuvent-elles provenir? Bouvet ne connaît plus dans les mers de l'Inde qu'une frégate
anglaise, la frégate du commodore Rowley, *la Boadicée.* Rowley aurait-il reçu des renforts de Bombay,

du Bengale ou d'Europe? Il est au moins prudent de s'assurer le loisir de conférer avec le commandant de l'*Astrée*. Les deux frégates françaises virent de bord et font route au large. Les quatre voiles ennemies leur appuient vigoureusement la chasse.

Bouvet ne pouvait prévoir que cette force navale, si supérieure en nombre, se diviserait : la fortune, en cette occasion, le servit encore mieux que sa prudence. Un esprit de vertige, une ardeur irréfléchie, entraînaient alors les vainqueurs de Trafalgar : une seule leçon ne suffisait pas pour les refroidir. Au milieu de la nuit, l'*Astrée* et l'*Iphigénie* sont atteintes par un des bâtiments acharnés à leur poursuite. L'*Astrée* essuie la première le feu ; elle riposte. Son grand hunier est partagé en deux lambeaux par un boulet. Le navire anglais, sur son élan, passe outre. Il se trouve bientôt sous la volée de l'*Iphigénie*. Le combat s'engage, d'un commun accord, vergue à vergue. En moins d'une heure, l'Anglais se trouve réduit à baisser pavillon : Bouvet vient de capturer la frégate *l'Africaine*. Arrivée le matin même d'Angleterre, l'*Africaine* était commandée par le capitaine Corbett, un des élèves favoris de Nelson. Corbett avait appliqué la méthode de son maître. Il ne demandait qu'à joindre l'ennemi, ne mettant pas un instant en doute l'issue du combat. Cent grenadiers et des officiers de la garnison anglaise de Bourbon avaient obtenu la faveur d'embarquer à son bord : joyeuse partie dans laquelle ces volontaires empressés s'attendaient à voir, suivant la promesse qui leur en était faite, « comment on prend une frégate française ». Le résultat ne répondit pas à leur attente. Jamais pareille boucherie ne précéda la défaite : l'*Africaine*, quand le combat cessa, était complétement démâtée; le capitaine et tous les officiers, à l'exception d'un lieutenant et d'un aspirant, plus de 300 hommes sur 400, jonchaient le pont des gaillards et celui de la batterie. Les pertes de l'*Iphigénie* ne s'élevaient qu'à 9 tués et 32 blessés.

Comment nous expliquer cette énorme disproportion? Le concours de l'*Astrée* y contribua peu. L'action se passa presque tout entière entre l'*Africaine* et l'*Iphigénie*. Ceci est un fait avéré, hors de discussion. La bonne volonté ne manqua certes pas au capitaine Lamarant; mais est-il possible d'intervenir, en pleine nuit surtout, entre deux adversaires qui se sont saisis corps à corps? Le commandant de l'*Astrée* l'essaya : ses boulets, s'il en faut croire la version du capitaine Bouvet[1], causèrent plus de dommage à la mâture de l'*Iphigénie* qu'à la coque de l'*Africaine*. Écartons donc, sans que la réputation du capitaine Lamarant en souffre le moins du monde, l'intervention de l'*Astrée*. Attribuons le succès, comme le veut une exacte justice, comme le fit le commandant Bouvet lui-même, « à la valeur des canonniers » formés par le commandant Duperré et par le capitaine Mourgues. Les canonniers de l'*Iphigénie* provenaient, en majeure partie, de la *Bellone*. Toute leur ardeur pourtant, toute leur habileté, si rare pour l'époque, n'auraient guère servi sans la tactique du capitaine Bouvet. Cette tactique, nous l'avons déjà exposée. Elle consistait, avant tout, à éviter les tirs obliques. Le capitaine Corbett joignit l'*Iphigénie*, les pièces de sa frégate pointées en chasse : ses canonniers, sous la grêle de boulets qui ne tarda pas à les assaillir, ne purent jamais, le premier coup tiré, ramener les affûts au milieu du sabord. Fidèle à sa coutume, Bouvet attendait l'attaque avec sa batterie pointée en belle, avec tous ses canons visant à couler bas. Un coup de gouvernail, les voiles de l'arrière brassées en

---

[1] *Précis des campagnes de l'amiral Pierre Bouvet.*

ralingue, firent brusquement pivoter la frégate sur
elle-même et amenèrent l'ennemi par son travers.
La position fut habilement gardée jusqu'au moment
où la frégate anglaise se trouva réduite.

Bouvet n'usa jamais de beaucoup de finesses :
le ministre Decrès l'étonna fort, quand il lui de-
manda le secret de sa tactique. Le calme, le sang-
froid, la résolution, un coup d'œil rapide, lui donnèrent en toute occasion l'avantage. Le capitaine
Corbett semble, au premier abord, avoir appartenu
à la même école. Bouvet, toutefois, — nous en
avons pour garants ses nombreuses croisières si
bien racontées par lui-même et par son biographe,
M. Eugène Fabre [1], — n'eût pas commis la faute de
se précipiter en avant, sans attendre la division qui
le suivait. L'*english pluck* fut ici de l'étourderie. Le
commodore Rowley, en effet, n'était pas éloigné :
il arrivait avec une escadre improvisée par son
industrie : avec sa frégate *la Boadicée* d'abord, puis
avec la corvette *l'Otter* de vingt-huit canons, le
brick *le Staunch* de seize, et un vaisseau de la
Compagnie, *le Windham*, repris sur les Français et
armé en guerre. La conduite de Corbett ne saurait

[1] *Voyages et combats*, par Eugène Fabre, 1886 ; Paris, Berger-
Levrault et Cie, éditeurs.

trouver son excuse que dans la présomption générale qui, en ce moment, aveuglait les Anglais.
L'impétuosité à la Nelson et à la Cochrane leur
avait toujours réussi dans les mers d'Europe : ils
crurent qu'il en serait de même dans les mers de
l'Inde. Comme si des vaisseaux attaqués à la sortie
du port et des vaisseaux aguerris par une traversée
de trois mois pouvaient se comparer ! C'est ainsi
qu'ils se firent détruire au Grand-Port et qu'ils
perdirent, dans la plus sanglante affaire qu'on eût
jamais vue, leur cinquième frégate, *l'Africaine*.

Rowley fit son apparition sur le champ de bataille,
quand tout était terminé depuis plus d'une heure.
« Il promena, dit le capitaine Bouvet, ses regards
sur le spectacle que nous avions l'honneur de lui
présenter : son avant-garde démâtée au ras des
ponts, la mer couverte de cadavres et de débris, et
les frégates de Sa Majesté Impériale en ligne de
bataille. Le commodore prit le parti de se replier
sur les forces qui lui restaient en arrière. » N'est-ce
pas ainsi qu'en pareille occasion aurait agi Fabius ?
Le succès justifia la temporisation du commodore
Rowley; il n'est rien de tel que le succès pour
ranger à son avis les historiens : Rowley n'eut pas
besoin de tirer un seul coup de canon pour rentrer

en possession de l'*Africaine*. A la vue de la division anglaise, ralliée, naviguant en ordre compact, Bouvet dut se résigner à faire l'abandon de la prise à laquelle l'*Astrée* se préparait à donner la remorque. Le délabrement de sa mâture, l'épuisement de ses munitions, ne lui permettaient pas de livrer, contre des forces qu'il jugeait supérieures, un nouveau combat. Ce fut déjà beaucoup de pouvoir, avec des mâts et des vergues aussi compromis, rentrer sain et sauf à l'île de France.

Il était dans la destinée du commodore Rowley de réparer, par un incessant labeur, les fautes de tout genre commises autour de lui. Une grande expédition anglaise, nous l'avons déjà fait pressentir, s'organisait en ce moment à l'île Rodrigue. Les autorités de l'Inde croyaient les ports de l'île de France hermétiquement bloqués : ils expédiaient, sans précaution, les bâtiments de guerre isolés; sans escorte, les transports chargés de troupes. Une corvette de la Compagnie, *l'Aurore*, de seize bouches à feu, tombait, le 20 septembre, au pouvoir de Bouvet, qui la ramassa sur sa route. Trois jours auparavant, une capture bien plus importante encore avait été accomplie par la frégate *la Vénus*, que commandait le capitaine Hamelin. Le général Abercromby s'était embarqué, dans l'Inde, sur la frégate *le Ceylan*. Il venait prendre à l'île Rodrigue le commandement en chef des troupes de l'expédition qui allait être dirigée contre l'île de France. Le vent d'est conduisit la frégate anglaise en vue du Port-Louis. Les vigies la signalèrent : à deux heures du matin, elle recevait à portée de pistolet toute la bordée de la *Vénus*, lancée à sa poursuite. A quatre heures, elle était prise. Cette fois encore, Rowley eut le dernier mot. Il ne reprit pas seulement le *Ceylan*, il s'empara aussi de la *Vénus*, à moitié démâtée, après une demi-heure de combat.

Rowley possédait de nouveau quatre frégates. Il était désormais en mesure de rétablir le blocus de l'île : aucun de nos bâtiments, à l'exception de l'*Astrée* et du *Victor*, n'aurait pu, quelque hâte qu'on mît à les réparer, reprendre la mer. Le sort de l'île de France ne faisait plus question. Soixante-dix voiles — vaisseaux de ligne, frégates, bâtiments de transport, amenant près de vingt-cinq mille hommes, — atterrirent de divers côtés le 26, le 27, le 28, le 29 novembre. Nous n'avions à opposer à l'armée de débarquement du général Abercromby que seize cents hommes environ, tout compris, soldats, miliciens, matelots. Le 3 décembre 1810, la capitulation était signée : notre pavillon disparaissait des mers de l'Inde. Grand soulagement pour le commerce anglais, mais soulagement facile à se procurer, quand, par la guerre d'escadre, on dispose de la suprématie navale.

CHAPITRE XI.

LA FRÉGATE « LA GLOIRE ».

On ne juge bien un officier que le jour où cet officier est appelé à subir l'épreuve du commandement. Plus d'un, qui n'attira jamais l'attention de ses chefs, s'est révélé soudain homme de guerre accompli, quand la responsabilité est venue mettre en relief ses qualités latentes. Il en est même qui n'ont pris tout leur essor que dans le grade d'officier général. Une belle voix, une majestueuse prestance ont fait illusion plus d'une fois sur le banc de quart. Le talent de manœuvrier lui-même n'est pas, pour briller au premier rang, une garantie suffisante. La marine anglaise a possédé de meilleurs manœuvriers que Nelson. Bouvet, en rade de Brest, lorsqu'il y commandait le vaisseau *le Gaulois*, manquait presque constamment son corps mort : il ne manœuvrait bien qu'en présence de l'ennemi. Ce n'est donc ni le coup l'œil, ni la

science, ni l'esprit, ni l'adresse, ni la force physique qui distinguent les hommes : c'est le caractère. Heureux ceux qui, comme l'amiral Hotham
en Angleterre, comme l'amiral Roussin et l'amiral
Baudin en France, ont su tout réunir : le port
imposant, le geste altier, l'organe dominateur et le
don beaucoup plus rare de commander aux événements ! Nelson, Bruix, Lalande, avec un corps
chétif, ont possédé, à un très-haut degré, cette
qualité suprême qui comprend toutes les autres :
le sang-froid dans l'audace. Je me suis toujours
senti, je le confesse, un secret penchant pour les
héros gais et familiers : c'est un tort que je partage
avec la race gauloise, d'où je sors. Je ne méconnais
pas cependant l'avantage d'une attitude qui inspire
à première vue le respect : je me méfie seulement de ces gens qu'on appelle « sérieux », parce
qu'ils ne rient jamais.

Le lieutenant de vaisseau Roussin, capitaine de
frégate à titre provisoire, n'avait pas encore eu, en
1810, l'occasion de donner toute sa mesure. On
pouvait, à la rigueur, le confondre avec une foule
de vaillants officiers, l'orgueil et l'espoir d'une marine renaissante. « Je certifie, écrivait le capitaine
Bouvet, que M. Albin Roussin était premier lieute-

nant sur la frégate *la Minerve,* que je commandais, en 1810, dans les mers de l'Inde, jusqu'à la fin de la campagne de cette frégate, qui fut honorée par trois combats. Pendant le dernier (affaire du Port-Impérial), M. Roussin eut le commandement de la *Minerve,* le lui ayant confié pour passer sur la frégate *la Bellone,* après la blessure du commandant de la division. Dans cette circonstance et toutes celles qui l'avaient précédée, M. Roussin justifia ma confiance par ses talents, son courage et son activité. Je certifie, en outre, que Sa Majesté n'a pas d'officier plus dévoué et plus capable dans sa marine. » De pareils témoignages constituent déjà un gage des plus sérieux pour l'avenir : ne les considérons toutefois que comme un premier échelon vers la gloire. C'est la gloire, « la grande gloire », que le capitaine de frégate Roussin était destiné à conquérir un jour.

La capitulation de l'île de France laissait à la garnison ses armes et ses drapeaux; elle garantissait aux officiers et aux équipages des bâtiments de guerre, aussi bien qu'à ceux des corsaires, la liberté. Le gouvernement anglais s'engageait à les rapatrier à ses frais. Roussin prit passage, le 11 décembre 1810, sur le parlementaire *Lord Castlereagh.* Le

19 mars 1811, après plus de huit années d'absence, il foulait de nouveau la terre natale. L'Empereur voulut le voir. « Je souhaite, lui dit-il en présence d'une assistance nombreuse, que vous ayez beaucoup d'imitateurs. » Combien de braves n'auraient pas cru payer trop cher de tout leur sang un pareil éloge !

Confirmé dans son grade de capitaine de frégate, décoré de l'Ordre de la Légion d'honneur à l'âge de trente ans, Roussin sentait instinctivement que toutes les aspirations lui étaient permises. L'Empereur cherchait un homme : de quels rangs cet homme pouvait-il sortir, si ce n'était des rangs déjà rajeunis d'une marine que Decrès considérait comme son œuvre, et qui ne lui inspirait encore ni ombrage ni envie ? L'ambition a ses mesquins côtés ; on ne peut nier qu'elle n'incline aux grandes choses. Une frégate portant du 18, *la Gloire*, nom de bon augure, était en armement au Havre. Le 23 septembre 1811, à six heures du matin, Decrès fait passer ce billet au directeur du personnel, M. Forestier : « Il faut nommer pour la *Gloire* un capitaine de frégate venant de l'Inde. Il faut tout de suite donner à ce capitaine le dispositif de l'armement, ainsi que j'avais fait à Roquebert et à

Raoul. » Le directeur du personnel désigne le capitaine de frégate Roussin : le ministre et l'Empereur s'empressent de ratifier ce choix.

La frégate est percée de 46 sabords : elle porte, dans la batterie, 28 canons de 18; sur le pont, 16 caronades de 24 et 2 canons de 8. Roussin en prend le commandement le 1er octobre 1811. Le 10 novembre, il demande un chronomètre. Qu'on reconnaît bien là l'officier du capitaine Motard, celui que le commandant de la *Sémillante* citait déjà, en 1808, comme « un bon astronome »! Le 14 mars 1812, l'armement est achevé. Le 2 avril, Roussin écrit : « Je n'ai encore que des hommes de nouvelle levée, et, par conséquent, tout à fait ignorants, mais nous les exerçons à l'usage du canon. » A « l'usage », remarquez-le bien, non pas au tir. En 1812, on ne gaspillait pas ainsi les munitions : la plupart des navires faisaient feu pour la première fois le jour du combat. Personne ne songeait alors à trouver la chose étrange. Le 14 mai, Roussin ajoute : « Mes cinq canots sont constamment armés. J'y fais embarquer tous les jours un certain nombre de jeunes gens; mes officiers et moi nous sortons, à toutes les marées, pour les accoutumer à la mer. » La précaution est indispensable : entre de vieux matelots aguerris par mainte croisière d'hiver et des « jeunes gens » qui vont combattre, le cœur sur les lèvres, la lutte serait vraiment par trop inégale. On sait quelle mélancolie inspire aux âmes les plus fermes cette défaillance qu'apportent le tangage et le roulis.

Et dulces moriens reminiscitur Argos.

On meurt deux fois : le jour où, le navire tombant dans le creux de la lame, l'estomac vous descend dans les talons, et celui où un boulet, frappant en pleine poitrine, vous emporte. Les capitaines qui, au sortir du port, ont, sous l'Empire, remporté des victoires, devaient être de rudes hommes.

Le 18 mai, nouvelle lettre du commandant de la *Gloire*. « Il se passe fort peu de jours sans que trente ou quarante hommes soient dix et douze heures dehors. » Le 12 juin, le ministre met à la disposition du capitaine Roussin une canonnière qu'on lui expédie de Dieppe. Le 1er juillet, le capitaine Roussin fait connaître au ministre que, « dans les dix-huit jours qui se sont écoulés, la canonnière a été quatorze jours sous voiles ». Le 18 octobre, le ministre ordonne que la *Gloire* « soit incessamment prête à prendre la mer ».

J'ai tenu à insister sur cette longue préparation
à la sortie, parce qu'il fallait bien que l'on sût
dans quelles conditions nos devanciers ont fait la
guerre. N'était-ce pas une admirable génération?
Faire la guerre sur terre avec des conscrits est un
jeu pour une nation aussi militaire que la nôtre;
la faire sur mer avec des « jeunes gens » arrachés
de la veille à la charrue, voire à leurs bateaux de
pêche, doit s'appeler, pour toutes les raisons possibles, un prodige.

La *Gloire,* pour sortir du Havre, n'attendait plus
qu'une occasion favorable. Cette occasion exigeait
trois choses : un vent propice, une hauteur de marée suffisante, l'absence momentanée de la croisière anglaise. Le 16 novembre, une frégate et
deux bricks ennemis « font des bords depuis le cap
de la Hève jusque par le travers de l'embouchure
de la Seine ». La fraîcheur est du sud-sud-est,
presque calme. Impossible de tenter l'appareillage.
Roussin a cependant à sauvegarder sa réputation
d'audace. C'est la première fois qu'il commande :
le ministre, les envieux l'observent. Quelle fièvre
d'impatience ! Quelles anxiétés secrètes ! Un calcul
imprudent, un faux pas, et la jeune renommée
s'écroule. J'écris pour des marins. Je me complais

à les mettre en présence des épreuves de leurs
aînés : ce souvenir leur rendra peut-être celles qui
leur sont réservées plus légères.

Le 20 novembre arrive un dernier renfort : quelques soldats du 3ᵉ régiment d'infanterie de marine
viennent compléter l'équipage de la *Gloire*. Si l'on
nous empruntait des matelots pour les envoyer en
Allemagne, parfois aussi, dans la commune détresse, les conscrits prenaient le chemin de nos
vaisseaux. L'armée de la Moselle avait, sous la
Convention, dévoré les « canonniers bourgeois »
de l'ancienne monarchie ; les champs de Lutzen et
de Bautzen auront raison des débris de notre glorieuse infanterie de marine. Lisez les Mémoires du
duc de Raguse, vous apprendrez ce que valaient
ces soldats amphibies. Le duc de Raguse déclare
n'en avoir jamais vu d'aussi solides sous le canon.

Le 5 décembre 1812, la croisière ennemie qui
surveille le Havre se compose de deux frégates et
d'une corvette. La marée du matin a donné sur la
barre seize pieds huit pouces. C'est un peu moins
que le tirant d'eau de la *Gloire*. Le 16, le blocus
n'est plus gardé que par une seule frégate. Une
belle apparence de vents d'est-sud-est, une marée
plus forte que celle du 5, encouragent la sortie :

Roussin saisit l'occasion aux cheveux ; il appareille à huit heures du soir ; à huit heures et quart, il est hors des jetées et fait route vers la côte d'Angleterre. Ce n'est pas là que l'ennemi, quand il s'apercevra de son absence, ira le chercher.

Pendant toute la nuit, le vent s'est soutenu avec force. Il se soutient encore le lendemain : vers deux heures du matin, il manque tout à coup. La frégate est en vue des feux du cap Lezard. Le 18 décembre, au point du jour, le capitaine Roussin se trouve au milieu de neuf bâtiments. « La plupart, nous apprend William James, n'étaient que des bâtiments de commerce. » C'est possible, mais, pour le constater, il fallait laisser ces bâtiments douteux approcher. Un grand trois-mâts, favorisé par une folle brise, est bientôt à portée de canon. Est-ce une frégate ? une corvette ? C'est, à coup sûr, un navire à batterie. On compte ses sabords. L'inspection est rassurante ; Roussin n'attend qu'un peu de vent pour attaquer. Il a rencontré, en effet, une de ces grosses corvettes que les Anglais ont armées de caronades. L'*Albacore* — tel est le nom du navire ennemi — porte dans sa batterie seize caronades de 32, sur le pont huit caronades de 11 et deux canons longs de 6. Son équipage se compose

de cent vingt et un hommes ; son capitaine est le
commander Henry-Thomas Davies. Un peu plus
loin se montre, également arrêté par le calme, un
brick-goëlette de quatorze canons, *le Pickle,* commandé par le lieutenant William Figg.

Dès que la première fraîcheur se fait sentir,
Roussin laisse porter sur l'*Albacore*. Quelques
coups de canon s'échangent. La corvette a conservé l'avantage du vent : elle en profite pour se
retirer du feu. Faut-il la poursuivre ? Faut-il se
laisser entraîner vers la côte ennemie, au risque
d'attirer, par le bruit d'une canonnade prolongée,
de nouveaux navires de guerre ? Avec une belle
brise, bien établie, on pourrait accabler en quelques minutes ce bâtiment de force évidemment in-
férieure : un vent incertain, la proximité de la terre
interdisent cet espoir. Roussin reprend sa route
pour sortir au plus tôt de la Manche. C'est le parti
auquel se seraient arrêtés tous les croiseurs de
l'Inde. Le capitaine Motard, le capitaine Bouvet lui-
même, n'ont pas donné au lieutenant de vaisseau
Roussin d'autres exemples.

Au bout d'une demi-heure, la corvette anglaise,
rassurée, revient sur ses pas : elle revient accompagnée de toute une flottille, — du *Pickle,* d'un autre

brick, *le Borer,* capitaine Richard Coote, d'un cutter de 4 canons, *le Landrail,* commandé par le lieutenant John Hill. Tous ces mirmidons ne supporteraient pas une volée de la frégate française; — n'oublions pas pourtant que, dans la mer des Antilles, le capitaine Napier, sur un brick, — *le Recruit,* — a décidé, par l'obstination de sa poursuite, le 15 avril 1809, la prise du vaisseau français *le d'Hautpoul.* — Mais tous se sont couverts de signaux, tous appellent à l'aide la flotte qui, d'habitude, se tient entre l'île d'Ouessant et les Sorlingues. Leur but est surtout de faire du bruit. L'*Albacore* a ouvert le feu; ses trois compagnons envoient à leur tour décharges sur décharges. La *Gloire* se contente de répondre avec ses pièces de retraite. La nuit survient : l'*Albacore* a cessé son feu. Un de ses lieutenants, William Harman, est tué; six ou sept hommes sont hors de combat. A trois heures du matin, la brise s'élève : la frégate française est bientôt hors de vue.

En haute mer, les chances seront plus égales. Le capitaine Roussin s'établit en croisière sur le banc des Soles. Le 20 décembre, il s'empare de la corvette *le Spy,* armée de dix canons. Ce bâtiment venait d'Halifax; il transportait en Angleterre un nombre assez considérable d'officiers et quatre-vingt-dix matelots ou soldats malades. Roussin fait jeter à la mer l'artillerie de la corvette et laisse le *Spy* continuer sa route. Un cartel a été passé avec le capitaine pour l'échange d'un pareil nombre de prisonniers français.

Le 23 décembre, au matin, un navire marchand de quatre cent cinquante tonneaux, *la Minerva,* partie de Surinam avec un chargement de café, de sucre, de coton, chargement estimé à près d'un million de francs, est capturé par la *Gloire.* En 1812, on vivait en plein blocus continental. La consigne était implacable. Le chargement de la *Minerva,* s'il eût pu atteindre un port français, y aurait probablement été confisqué ou brûlé. Nos frégates prenaient la mer avec l'ordre « de faire le plus de mal possible au commerce anglais » : il n'était pas question de parts de prise. Le capitaine Roussin fit passer à son bord l'équipage de la *Minerva* et coula le trois-mâts sur place.

Le 26 décembre, Roussin quittait sa croisière du banc des Soles et se dirigeait vers les côtes de Portugal. Il y arriva dans la nuit du 28. Des avaries dans les clefs de ses deux mâts de hune le contraignirent presque aussitôt à reprendre le large. Il est vraiment curieux d'observer à quel point la routine est tenace. Les navires, jusqu'au dix-septième siècle, naviguaient généralement, quand la brise était fraîche, sous leurs basses voiles : les huniers, voiles légères, ne se portaient que de beau temps. Peu à peu, on en fit les voiles de combat, la véritable âme du navire. Croirait-on que, malgré le nouveau rôle qu'on leur attribuait, les mâts de hune restèrent presque aussi mal appuyés que par le passé? La rentrée des œuvres mortes était alors excessive : les haubans, les galhaubans descendaient du capelage vers la hune et vers les porte-haubans, sous un angle si aigu qu'ils n'offraient qu'un soutien tout à fait insuffisant à des espars dressés au haut des bas mâts comme des cierges. Si du moins on les eût enfoncés profondément dans la bobèche! Loin de là : ces cierges vacillants ne recevaient aucun secours du candélabre. En d'autres termes, — car, lorsqu'on parle marine, il faut bien se résoudre à employer les mots techniques, — le ton des bas mâts ne doublait que d'une quantité beaucoup trop faible le pied des mâts de hune. Lisez les relations des combats « rendus » — le mot indique l'époque — pendant les dernières années du règne de Louis XVI, sous la République, sous le premier Empire, vous y verrez constamment des vaisseaux français obligés de diminuer de voiles, quand les vaisseaux anglais continuent de porter les huniers hauts. Que de belles occasions cette infériorité nous a fait perdre ! Marins de 1840 qui survivez encore à tant de camarades disparus, vous rappelez-vous les tons de la *Belle-Poule ?* Voilà du moins une frégate qui pouvait en toute sécurité faire de la toile. Nous n'étions pas princes, nous autres ! Quels assauts opiniâtres il nous a fallu livrer aux ingénieurs, nos « billets de demande » à la main, pour obtenir l'objet de notre ardente ambition : des tons semblables à ceux de la *Belle-Poule !* Le règlement ! on nous opposait toujours le règlement. Et pourtant le règlement était absurde.

Pendant que le capitaine Roussin s'évertuait à consolider de son mieux sa mâture, deux grands bâtiments de guerre apparaissent. Il n'y a pas un instant à perdre pour prendre chasse. La *Gloire* heureusement possédait, comme la plupart de nos frégates et de nos vaisseaux, — car nos ingénieurs, au fond, étaient fort habiles, — une marche supérieure. Avant la nuit, elle avait laissé les navires suspects à une telle distance que, la nuit venue, elle les perdit de vue.

La côte de Portugal décidément se trouvait trop bien gardée : Roussin alla chercher aux Açores des parages où l'on pût trouver plus de navires marchands que de navires de guerre. Qu'il revienne de l'Inde ou revienne des Antilles, un navire marchand va toujours reconnaître quelque point de cet archipel. C'est là qu'il rectifie sa position et prend de nouveau son élan pour donner dans la Manche ou dans le golfe de Gascogne. Entre les Açores et Madère, la *Gloire* s'empara de neuf bâtiments. La plupart de ces navires furent coulés, les autres reçurent, pour les porter à Madère, les prisonniers anglais, portugais, espagnols, qui commençaient à encombrer la frégate.

Le 18 janvier 1813, le capitaine Roussin fit route pour la Barbade. Un croiseur ne saurait sans danger s'attarder longtemps sur le même terrain : sa présence y serait bientôt signalée, et c'est par la mobilité surtout qu'il peut espérer se rendre insaisissable.

Les parages de la Barbade sont excellents pour guetter les navires qui reviennent du Brésil, du Para, de Cayenne, de Surinam. Le capitaine Roussin y passa pourtant huit grands jours sans apercevoir un seul navire. Tout est heur ou malheur à la guerre; les calculs les mieux fondés y sont sans cesse déjoués par le sort.

Dans les conditions que nous créait la suprématie incontestée de la marine anglaise, la partie vraiment délicate d'une campagne de course, pendant les dernières années de l'Empire, était toujours le retour au port. Le golfe de Gascogne présentait une ceinture presque continue de vaisseaux, de frégates, de corvettes et de bricks. Pour percer cette ligne de contrevallation, il fallait absolument le secours d'une tempête. Aborder nos côtes avec des vents d'est et un temps clair eût été courir à une perte certaine. La saison des vents d'ouest touchait à sa fin : le commandant de la *Gloire* reconnut la nécessité de reprendre la route de France. Il régla sa marche de façon à venir atterrir sur la sonde, vers la fin du mois de février.

Le 17 février, la tempête attendue, désirée comme la colombe de l'arche, se déclara enfin. Dans la nuit du 19 au 20, cette tempête devint une tourmente. Le 23, le capitaine Roussin jetait la sonde sur le banc de la Grande-Sole : le vent se calma soudain. Quel affreux contre-temps! Pendant deux jours, la *Gloire* dut s'arrêter et demander au ciel un nouvel ouragan. Le 25, l'ouragan répondit

aux vœux des audacieux marins. Il y répondit avec
un redoublement de fureur. La *Gloire* reprit sa
route. Elle courait vent arrière à l'est-nord-est,
sous la misaine et le grand hunier au bas ris, quand
les vigies signalèrent tout à coup un navire en cape,
à quelques lieues sur l'avant de la frégate. On s'approche : le navire aperçu est une corvette anglaise.
— « Elle me fit des signaux, écrit dans son rapport de mer le commandant Roussin : quand elle
nous eût jugés, elle augmenta de voiles pour s'é-
chapper. J'en fis autant pour la poursuivre, mais
ma position était bien moins critique que la sienne.
Je puis dire, sans aucune exagération, que cette
corvette était plus souvent sous l'eau que dessus.
A deux heures et demie, je l'atteignis. Son capitaine
manœuvra parfaitement : virant plusieurs fois de
bord lof pour lof, il me contraignit à l'imiter. Mes
mouvements, beaucoup plus lents que les siens, en
raison de nos longueurs respectives, lui donnaient,
à chaque virement de bord, une avance qu'il fallait
lui regagner chaque fois. Je ne pouvais lui envoyer
que de temps en temps quelques coups de caronade
des gaillards, et encore la mer était-elle si grosse
que tous les coups étaient extrêmement incertains.
Enfin, à trois heures et demie, j'avais atteint son

travers sous le vent : il tenta pour la dernière fois la manœuvre qu'il avait déjà faite et laissa arriver subitement sur mon avant. Nous étions alors si près l'un de l'autre qu'il faillit tomber sous mon beaupré. Si je ne fusse venu au vent, je lui passais sur le corps. Il se trouvait, dès ce moment, sous le vent à moi. Saisissant entre deux lames un moment d'embellie, je pus ouvrir ma batterie et lui tirer deux volées qui m'en rendirent maître. » — Ces deux volées avaient emporté la vergue de misaine, la corne, le beaupré de la malheureuse petite corvette. Il ne pouvait plus être question pour elle de virer lof pour lof et de tenir le vent. Désemparée de son phare de l'avant, elle était nécessairement perdue. C'est ainsi que fut capturée, le 25 février 1813, à l'entrée de la Manche, la corvette à gaillards de Sa Majesté Britannique, *le Linnet*, navire de deux cents tonneaux, à peine plus grand que la *Comète*, mon second commandement ; navire armé de quatorze caronades de 18 et de deux canons de 6, monté par soixante-quinze hommes d'équipage et commandé par le lieutenant John Tracey.

Le spectacle de cette chasse acharnée au milieu du tumulte des éléments n'a-t-il pas quelque chose de saisissant? Le cœur d'un vrai marin n'y résiste

pas. Le patriotisme un instant fait silence, et tout
l'intérêt se concentre sur le chétif ennemi qui défend
si courageusement sa liberté. La frégate n'a-t-elle
pas, elle aussi, de superbes allures? Ses mâts cra-
quent, ses voiles, gonflées comme des ballons,
menacent à chaque instant d'éclater; penchée sur
le flanc, elle prend l'eau par tous ses dalots et n'ose
se hasarder à ouvrir ses sabords. Elle continue
cependant la poursuite et passe comme l'éclair à
travers les gerbes d'écume que sa proue fait jaillir.
C'est beau des deux côtés; c'est beau de mouvement
et d'horreur. « J'ai vu, écrit Saint-Preux à sa sensible amante, dans le vaste Océan, où il devrait être
si doux à des hommes d'en rencontrer d'autres,
deux grands vaisseaux se chercher, se trouver, s'attaquer, se battre avec fureur, comme si cet espace
immense eût été trop petit pour chacun d'eux. Je
les ai vus vomir l'un contre l'autre le fer et les
flammes. Dans un combat assez court, j'ai vu
l'image de l'enfer. » Qu'aurait donc dit Saint-Preux,
s'il avait vécu de nos jours? Une torpille dans le
flanc, et le gouffre a sa proie. N'est-il pas vraiment
indispensable d'affranchir le commerçant paisible
de semblables risques? J'y reviendrai, car je suis
tenace, — je crois l'avoir assez prouvé dans la ques-

tion des flottilles, question à laquelle je m'acharne depuis plus de seize ans, — j'y reviendrai; mais que l'Angleterre y songe! c'est à elle que doit appartenir l'honneur de l'initiative à ce sujet. La civilisation lui en sera éternellement reconnaissante.

Le *Linnet* avait amené ses couleurs; il n'était pas pour cela encore amariné. Jeter un équipage de prise à son bord par un temps pareil semblait impossible. Le capitaine Roussin y réussit pourtant. Il y perdit, il est vrai, toutes ses embarcations! Enfin la chose est faite : non-seulement le *Linnet* se trouve sous la garde d'un détachement français, mais la *Gloire* est parvenue à lui donner la remorque. Elle l'emporte dans ses serres vers les côtes de France. Le 26, à quatre heures de l'après-midi, la remorque casse. En ce moment critique, une voile inconnue, une frégate, apparaît à deux lieues sous le vent. Il faut abandonner le *Linnet* à son sort, car un nouveau combat est imminent. A dix heures et demie du soir, le trois-mâts aperçu et la *Gloire* se croisent à contre-bord. Les deux navires ont passé à moins de dix pieds l'un de l'autre : s'ils s'étaient rencontrés, ils coulaient tous deux à pic. L'obscurité est si profonde, la mer si énorme, que pas un coup de canon n'est échangé.

Le temps continuait d'empirer; le baromètre, très-bas, n'annonçait point d'embellie; la frégate se trouvait par la latitude d'Ouessant; c'eût été une faute impardonnable que de laisser échapper une circonstance aussi propice. « Je me déterminai, écrit le capitaine Roussin, à laisser arriver pour gagner la rade de Brest. J'y ai mouillé hier, 27 février, à quatre heures et demie du soir, après soixante-douze jours de mer. La corvette *le Linnet* y a mouillé peu de temps après moi. Je crois que ce bâtiment conviendra au service de Sa Majesté pour les escortes. J'évalue le tort fait aux ennemis de Sa Majesté, pendant cette croisière, à quatre millions et demi. » Il aurait fallu leur en faire bien davantage encore pour les détacher de la formidable coalition en marche, à cette heure néfaste, sur la France.

Les États-Unis venaient de trouver un meilleur moyen d'inspirer à l'Angleterre le désir d'une prompte paix : ils s'étaient rendus redoutables à cette marine de guerre qui, depuis près de vingt ans, ne connaissait plus que l'offensive. Était-il donc si impossible que des esprits découragés le déclaraient, de suivre l'exemple qui nous était donné par la jeune nation dont le malheureux Louis XVI paya

de la perte de son trône et de sa vie l'indépendance?
Demandons-le plutôt aux Anglais. Quand les Anglais
apprirent, le 31 mars 1813, le combat soutenu
le 7 février devant Sierra-Leone par la frégate de
Sa Majesté Britannique *l'Amelia* contre la frégate
française *l'Aréthuse;* quand ils surent que le capitaine Irby, — un des adversaires de mon père aux
Sables-d'Olonne, — assailli vergue à vergue par
le capitaine Bouvet, avait, dans l'espace de trois
heures et demie, perdu cent quarante et un hommes,
tant tués que blessés, y compris le capitaine et
tous les officiers, il n'y eut qu'un cri pour reconnaître que les temps avaient changé. « Malgré
l'admiration que nous devons avoir pour nos braves,
s'écriait le *Times*, organe, en cette occasion, de
l'opinion générale, nous ne les voyons pas sans
peine exposés à des combats aussi obstinés et aussi
destructifs. Depuis longtemps nous n'avions vu, de
la part des Français, une telle persévérance et de
pareils efforts. »

Voilà les traces glorieuses que les meilleurs
élèves du capitaine Bouvet, les Baudin, les Roussin,
s'apprêtaient à suivre. La chute imminente de l'Empire ne leur en laissa pas le temps. Dans le désarroi général, le ministre n'avait guère le loisir de

combiner de nouvelles campagnes. Il sentait déjà
le sol trembler sous lui, le trône chanceler, la fortune de nos armes irrémédiablement atteinte. La
Gloire fut attachée à l'escadre de Brest. Au bout de
quelques mois, tout croulait. La paix était signée
le 24 mai 1814; le passé reprenait possession de
la France. Pour beaucoup d'officiers, ce change-
ment de régime fut un désastre.

CHAPITRE XII.

LA RESTAURATION ET LES CENT-JOURS.

La Restauration cependant n'entendait accepter l'humiliation de la défaite que pour celui qu'elle s'obstinait à nommer l' « Usurpateur » ; elle la répudiait noblement, courageusement, pour la France. Le roi Louis XVIII prétendit toujours, quoi qu'on en ait pu dire, rentrer en frère aîné dans la famille des rois : il eut, en plus d'une occasion, de beaux mouvements d'orgueil vis-à-vis de ses prétendus protecteurs. Sur un sol envahi, tout couvert encore du flot dévastateur qui se retirait lentement, ce banni, que la main de Dieu relevait tout à coup de l'exil, redressait, dans la fierté indomptable de sa race, sa haute taille de Bourbon. Prêt à s'appuyer, si des exigences incompatibles avec le vieux droit de la monarchie l'y poussaient, sur le dernier tronçon de l'épée impériale, il osait réclamer sa place, la première place, dans les conseils agités de l'Europe. Les compagnons d'Hector se serraient peu à peu autour de lui et ne demandaient pas mieux que de l'y aider. C'eût encore été pour eux une revanche.

La *Gloire* ne fut pas désarmée. On l'employa au transport des prisonniers que la merveilleuse campagne de France avait accumulés dans nos ports. Tout vaincus que nous fussions, nous avions, nous aussi, de nombreux captifs à rendre aux vainqueurs. Le commandant Roussin fit successivement trois voyages en Angleterre, un voyage à Anvers, un voyage encore de trois mois à Riga. Les missions pacifiques elles-mêmes, quand elles sont bien remplies, peuvent faire ressortir la valeur exceptionnelle d'un officier. La Restauration ne s'y trompa point : elle reconnut dans le commandant de la *Gloire* un homme d'avenir et résolut sur-le-champ de se l'attacher. Le 2 septembre 1814, sur la proposition du baron Malouet, elle le faisait capitaine de vaisseau ; quelques mois auparavant, elle lui avait conféré la croix de Saint-Louis. L'empereur de Russie, de son côté, le décorait de l'Ordre de Saint-Vladimir. « J'avais, écrivait, le 19 novembre 1814, au capitaine Roussin le comte Ferrand, alors ministre de la marine, chargé le commandant de

la division dont vous faisiez partie de vous faire
connaître combien j'ai été satisfait du zèle et de
l'activité que vous avez déployés dans cette campagne; je saisis avec empressement l'occasion de
vous renouveler les témoignages qu'il a dû vous
transmettre de ma part. Je regrette que le désar-
mement de la *Gloire* interrompe votre activité de
navigation, mais soyez persuadé que je ne perdrai
pas de vue les titres que vous avez acquis, lorsque
les circonstances m'offriront les moyens de vous
employer d'une manière convenable et qui réponde
à ma confiance dans votre expérience et votre dévouement au service de Sa Majesté. »

Il est une aristocratie que, malgré notre fureur
de nivellement, nous aurons toujours intérêt à ne
point abattre : c'est l'aristocratie des hommes bien
élevés. Le ministre qui écrivait la lettre que je
viens de rapporter en faisait partie; l'officier qui la
recevait avait aussi le droit d'y réclamer sa place.
Ne nous y trompons point : la Révolution a eu,
comme l'ancienne monarchie, sa noblesse. Cette
noblesse, on la reconnaissait à la distinction des
manières, à l'élévation des sentiments, à la fierté
assurée, non moins qu'à l'exquise urbanité du langage. La bonne politique commandait de lui rendre

hommage et d'honorer en elle vingt années de victoires. Le rêve malheureusement fut court. L'Empereur n'eût jamais songé à revenir de l'île d'Elbe,
si la France lui eût présenté le spectacle d'une nation unie. Je n'en veux imputer la faute à personne, la situation était plus forte que les volontés.
Lord Wellington l'avait pressenti : « La Restauration, écrivait-il, succombera sous les rancunes des
officiers à demi-solde. » Il eût pu ajouter : et sous
les transports mal réglés de ses serviteurs les plus
fidèles. Tout pouvait s'aplanir cependant, tout se
fût aplani, s'il était donné à la France de vivre satisfaite, quand le prestige qui s'attache à la gloire des
armes lui manque. Qu'on nous le reproche si l'on
veut, ou qu'on nous en loue : notre honneur n'est
pas de la même nature que celui des autres nations.
On peut le foudroyer comme Encelade et Typhon,
l'ensevelir sous la masse énorme de l'Etna : il fera
longtemps encore par ses convulsions trembler la
terre.

Quand j'étais aspirant, je me souviens d'avoir
essayé, avec mes amis les *midshipmen* de la *Belvi-
dera* et de la *Madagascar*, — Drummond, John
Gore, Dillon, Mac Gregor, Elliott, Fanshawe, Chal-
loner, — de traduire en anglais ce mot essen-

tiellement français : l'amour-propre. *Self-love, self-pride, self-interest,* ne nous satisfirent pas. Mac Gregor trancha la difficulté : « L'amour-propre, dit-il, c'est la différence qu'il y a entre un *gentleman* et une canaille. » Notre amour-propre ne nous a que trop souvent poussés à jouer un jeu désespéré. En revanche, on l'intéresse facilement en lui tendant la main à la façon d'Auguste. Nous ressemblons sur ce point au chevaleresque et regretté Abd-el-Kader. La générosité, imprudente, disait-on, d'un souverain plus généreux encore par tempérament que par politique, eut-elle, à son endroit, sujet de se repentir? Si profond politique que l'on soit, il importe avant tout de bien connaître les races avec lesquelles on traite.

L'Empereur revint : tous les cœurs de ses soldats volèrent à lui. La Restauration ne s'en souvint que trop : 1815 n'imita pas la clémence de 1814. La marine, la première, fut mise en coupe réglée. Elle fit, ce jour-là, de grandes pertes. Le capitaine Roussin faillit partager le sort de ses vaillants camarades; la netteté de ses explications le sauva. Le ministre de la marine, M. le vicomte du Bouchage, s'honora en conservant à la marine française un officier qui devait l'illustrer.

CHAPITRE XIII.

HYDROGRAPHIE ET DIPLOMATIE. — UN ÉTRANGE OUBLI.

Ce n'est pas en vain qu'on s'est imprégné de l'esprit d'une époque héroïque. Les officiers de 1812 étaient des enfants quand éclata la révolution française. Leur éducation s'est faite sous l'influence d'événements qui, durant un quart de siècle au moins, nous donnèrent le droit incontestable de nous appeler « la grande nation ». Nos revers maritimes ne suffisaient pas à étouffer chez eux l'orgueil dont le cœur de tout Français, à cette époque, était gonflé. On s'en prenait au gouvernement des avocats, à l'anarchie; on se disait que le retour à la discipline, aux saines traditions militaires, ne pouvait manquer de changer bientôt le cours des choses. La confiance était prête; le moindre succès devait lui donner l'essor. En ce moment, les Duperré et les Bouvet parurent : une sorte de commotion électrique ébranla la flotte tout entière. Les campagnes de l'Inde furent pour notre marine, si éprouvée en 1798 et en 1805, ce qu'avait été, au seizième siècle, pour les flottes chrétiennes de la Méditerranée, la bataille de Lépante. Le prestige anglais s'effaçait peu à peu; Aboukir et Trafalgar tombaient insensiblement dans l'oubli. Nul n'aurait osé dire, après le combat du Grand-Port : « Les Anglais sont invincibles sur mer. » On ne le pensait même plus. Voilà le nouvel esprit, la nouvelle marine dont la Restauration recueillit l'héritage. Elle y ajouta les souvenirs de la grande lutte engagée en 1778, terminée en 1783, et fit de cet assemblage la glorieuse marine qu'elle transmit au gouvernement de Juillet.

La plus lourde faute que nous pourrions commettre serait de vouloir dater d'hier notre histoire. Tant de révolutions ont passé sur notre malheureux pays que la foi politique y a été nécessairement fort ébranlée. Qu'il nous reste au moins le culte de la France! Quand je compare ma carrière à celle de mon ami Drummond, que j'ai rencontré *commander, post-captain,* vice-amiral, amiral, après l'avoir connu *midshipman,* je ne puis m'empêcher de le trouver bienheureux de n'avoir jamais eu à servir qu'un seul et même gouvernement. La stabilité est vraiment une belle chose. A défaut de ce présent enviable, le ciel nous a du moins départi une humeur facile, indulgente, douce à nos adversaires. De trop fréquentes secousses ont amorti chez nous la haine du méchant. Le méchant en politique est — personne ne l'ignore — celui qui ne pense pas comme nous. Ce n'est pourtant pas assez d'être clément envers les vaincus, il faut aussi être juste. Il n'est pas un de ces pouvoirs si tristement éphémères, pas un de ces gouvernements que nous avons successivement renversés dans un jour de colère ou dans un jour de folie, qui n'ait consciencieusement cherché, suivant ses lumières, la grandeur et la prospérité du pays remis, par un tour de roue de la Fortune, à sa tutelle.

Les aptitudes d'une nation ne se révèlent pas dès le premier jour. L'Angleterre n'est devenue une puissance maritime que vers la fin du seizième siècle. Les flottes flamandes lui ont longtemps suffi pour conduire ses armées à l'invasion de la France. S'il ne lui eût fallu défendre ses rivages contre la grande Armada, si les richesses du nouveau monde n'eussent allumé les convoitises de ses corsaires, il se serait peut-être passé bien des années encore avant que l'Angleterre songeât à se constituer une marine nationale. Notre marine, à son tour, prit naissance quand l'ennemi séculaire afficha la prétention de faire de la Manche une mer fermée, du domaine colonial un apanage anglais. La Restauration reprenait l'une après l'autre les traditions de l'ancienne monarchie; il eût été surprenant qu'elle ne tentât pas de faire revivre la marine de Louis XIV et de Louis XV, la marine surtout si brillante de Louis XVI. Elle aurait, je le crois, préféré, s'il eût fallu choisir, une grande flotte à une grande armée. Le continent ne l'inquiétait pas; l'Angleterre lui faisait toujours ombrage. Peu d'années avant la révolution de 1830, on vit tout à coup reparaître dans nos rangs, ou se préparer à y prendre place, la plupart des noms inscrits en 1778 sur les listes du grand corps : les Contenson, les Coriolis, les Maisonneuve, les Morogue, les Charitte. La base de la marine royale en 1830 n'en restait pas moins encore ce que j'ai appelé la marine de 1812.

La Restauration voulait que sa marine fût une marine savante. Elle se croyait en droit d'attribuer nos revers aux grossières pratiques des officiers improvisés en 1792, et ne pensait pas que, pour commander les vaisseaux du Roi, il suffit d'être « un homme de métier ». La Restauration, en un mot, se faisait gloire du souvenir de Borda presque autant que de celui de Suffren. Je ne l'en blâmerai pas. Toute tendance cependant n'est bonne qu'à la condition de ne pas tomber dans l'exagération. Les observations et les calculs astronomiques prirent en quelques années une importance que le sujet ne comportait certes pas. On ne parlait plus que de distances lunaires, et l'avancement semblait en quelque sorte exclusivement promis à celui qui ferait le meilleur usage de son sextant ou de son cercle à réflexion. Un peu plus tard survint la manie des rapports. Des réputations s'établirent sur des dépêches plus ou moins bien tournées. Tout cela n'était pas en soi regrettable, pourvu que tout cela ne devînt pas puéril. Le danger eût commencé le jour où, sacrifiant à de vaines chimères, on aurait cessé de mettre en première ligne « le métier », c'est-à-dire le grand art de manœuvrer et de combattre. J'ai vu poindre le temps où tout enseigne de vaisseau, assez riche pour payer le cens, allait, si l'on n'y prenait garde, aspirer à devenir député. Confiez donc un quart à d'aussi profonds politiques! Le capitaine Roussin restera, par la juste proportion de ses aptitudes et de ses ambitions, un modèle achevé du véritable officier de marine. Il a été astronome, hydrographe à ses heures, négociateur, préfet maritime, ministre, représentant de son pays, dans les circonstances les plus délicates : il a mis, avant tout, sa gloire à savoir, mieux qu'un autre, conduire un vaisseau dans un chenal difficile ou au feu.

Le naufrage de la *Méduse* sur le banc d'Arguin eut, en 1816, un grand retentissement. Il servit de prétexte à une immolation générale. Les « rentrants » se virent à leur tour impitoyablement frappés. On les accusa en bloc d'ignorance. Le procédé est commode; il a de plus l'avantage d'être assuré d'avance de la faveur publique. Dans ses enthousiasmes comme dans ses dénigrements, la France ne s'arrête jamais à mi-chemin. Pas une voix ne s'éleva d'ailleurs pour défendre le commandant Chaumaret. La seule excuse qu'on pût trouver à la perte de la malheureuse frégate fut toutefois timidement insinuée. Les cartes de cette partie de la côte d'Afrique étaient si défectueuses! Nommé au commandement de la corvette *la Bayadère,* le capitaine Roussin fut chargé de les rectifier. Il partit de Rochefort, le 29 janvier 1817. L'aviso *le Lévrier,* commandé par l'enseigne de vaisseau Legoarant, l'accompagnait; un ingénieur hydrographe, M. de

11.

Givry, dépositaire des traditions encore respectées aujourd'hui de M. Beautemps-Beaupré, devait lui prêter le secours de ses connaissances techniques.

Le 17 août, la *Bayadère* rentrait au port. Au début de l'année 1818, elle reprenait la mer pour mener à bonne fin le travail ébauché dans une première campagne. « J'ai rendu compte au Roi, écrivait au commandant de la *Bayadère* le comte Molé (impassible exécuteur de la rigoureuse épuration qui suivit le naufrage de la *Méduse*), des deux campagnes successives dans lesquelles vous avez continué jusqu'aux îles de Los les reconnaissances entreprises par le chevalier de Borda en 1776. Ce savant navigateur ne les avait pas prolongées au delà du cap Bojador. J'ai particulièrement insisté sur les difficultés que présentait l'archipel des Bissagos. L'intrépidité avec laquelle vous avez affronté les dangers d'une pareille expédition, la prudence dont vous avez fait preuve en y échappant et l'infatigable activité qui vous a conduit aux heureux résultats que vous avez obtenus, ont paru au Roi dignes des plus grands éloges. Sa Majesté m'a chargé de vous en exprimer sa satisfaction. » Un ministre de Louis XVI n'aurait pas mieux dit. L'hydrographie n'a plus guère de mystères : elle n'en demeure pas moins un des exercices les plus salutaires du marin. C'est par elle qu'on apprend à fixer dans sa mémoire la configuration et le gisement des terres, les alignements qui conduisent le navire, comme si on le plaçait sur un rail, à travers le labyrinthe des aiguilles de granit, des longues battures de roche et des sournoises surprises des bancs de sable.

Le grand titre hydrographique de l'amiral Roussin n'est pas l'exploration à laquelle le comte Molé rendait si justement hommage; le *Pilote du Brésil,* magnifique levé de neuf cents lieues de côtes à peu près inconnues, gigantesque travail accompli sur un navire à voiles de l'année 1819 à l'année 1821, assigne au commandant de la *Bayadère* un rang bien plus exceptionnel encore parmi les officiers qui se sont voués à ces utiles et périlleux travaux. S'il ne s'agissait que d'un officier ordinaire, je pourrais insister davantage : pour un homme qui a sa place marquée aux pages les plus honorables de notre histoire, de pareils services se perdent dans le nombre. On aurait sans doute mauvaise grâce à les passer sous silence ; ce n'est pourtant pas l'hydrographe qui sauvera la mémoire de l'amiral Roussin de l'oubli ; ce n'est pas même le diplomate habile et prévoyant : ce sera l'homme de guerre. Les lauriers conquis dans le Tage sont les seuls qui ne se faneront jamais.

Au mois de juillet 1821, le capitaine de vaisseau Roussin repartait pour le Brésil, à la tête d'une division navale composée de la frégate *l'Amazone* qu'il montait, de la corvette *l'Espérance,* du brick *le Curieux* et de la goëlette *la Lyonnaise*. Au mois de septembre de la même année, il reçoit l'ordre de passer, avec l'*Amazone,* dans la mer du Sud. Les frégates *la Clorinde,* commandée par le capitaine de Mackau, *la Pomone*, confiée au capitaine Fleuriau, sont déjà en observation dans les ports du Chili : elles se rangeront, dès son arrivée, sous ses ordres. « La mission ostensible, a écrit le baron Portal dans ses remarquables mémoires, était de faire des reconnaissances et des vérifications hydrographiques ; le but réel et secret, d'étudier ce qui se passait, de causer avec Bolivar et de nous préparer au rôle que nous aurions à jouer. » La situation de cette division lancée audacieusement au delà du cap Horn fut pendant un instant assez critique. L'Angleterre, toujours prête à régenter le monde, semblait vouloir s'opposer à notre intervention en Espagne, comme elle nous menaça plus tard de s'opposer à

notre expédition d'Alger. Le commandant Roussin
opéra sa retraite vers les mers d'Europe, sans
attendre d'instructions, ne prenant conseil que des
circonstances, et montrant pour la première fois
cet esprit de décision qui le marquait d'un cachet
à part. Sa conduite fut approuvée : on l'en récom-
pensa, le 17 août 1822, par le grade de contre-
amiral.

Un contre-amiral de quarante et un ans ! cela
ne se voit pas souvent aux jours où nous sommes.
Même après le sanglant et magnifique combat livré
par l'*Aréthuse*, le 7 février 1813, combat qui, au
dire de Decrès, « laissait bien loin derrière lui celui
de la *Belle-Poule* en 1778, celui de la *Nymphe* en
1780, et tous les autres qui ont eu plus ou moins
de célébrité », la promotion de Bouvet au grade
d'officier général paraîtra encore au trop scrupuleux ministre « prématurée ». Bouvet n'a que
trente-huit ans! On se contentera de le nommer
officier de la Légion d'honneur. En 1822, Bouvet
est toujours capitaine de vaisseau. Serait-il, par
hasard, astronome insuffisant? Rédigerait-il mal
ses rapports? Nous savons cependant par le précis
de ses campagnes, opuscule excellent qu'il publia
en 1840, que la plume en ses mains eut, quand il

le fallait, toute la vigueur de sa vaillante épée. Les César, les Napoléon, les Bugeaud, n'ont pas mieux écrit. Bouvet était de leur école. L'étrange oubli dont le capitaine de la *Minerve*, de l'*Iphigénie*, de l'*Aréthuse* fut victime, demeure donc, à mes yeux, inexplicable. « Je pense, j'affirme et je l'ai dit sans cesse à qui l'a voulu entendre, s'empresse de lui écrire l'amiral Roussin lorsqu'il apprend, pendant une relâche à Rio-Janeiro, la promotion du 17 août 1822, que vous êtes le premier officier de la marine de France. J'ai plus appris, pendant les dix mois que j'ai été votre second, que dans tout ce que j'ai vu ailleurs. Je n'ai jamais cru possible de me voir avant vous sur une liste... Vous m'avez fait croire que les belles actions étaient faciles en me montrant combien elles paraissaient vous coûter peu. J'ai tâché de vous imiter, mais je n'en ai eu que le désir : les occasions m'ont manqué. Vous, qui les avez trouvées et si glorieusement saisies, combien n'êtes-vous pas au-dessus de moi ! Je l'aurais appris cent fois par les étrangers si je n'en étais convaincu. Les Anglais, cher Bouvet, vous rendent une haute justice, et j'ai eu souvent l'occasion de me glorifier de vous avoir eu pour mon chef, de pouvoir aujourd'hui vous nommer mon ami. » Que pensez-vous de ce second et de ce capitaine? Vous étonnerez-vous encore qu'on soit fier d'être marin, quand la marine a produit de tels hommes?

Rentré en France le 31 décembre 1822, le contre-amiral Roussin arborait de nouveau son pavillon sur la frégate *l'Amphitrite*, le 6 juillet 1823. Il ne réclamait pas de repos; on trouvait tout naturel de ne pas lui en accorder. Sur *l'Amphitrite* et sur *l'Amazone*, qui lui fut bientôt rendue, coursier fidèle dont il connaissait les allures, Roussin prit part aux grandes manœuvres de l'escadre d'évolutions rassemblée sous les ordres d'un illustre maître, le vice-amiral baron Duperré. La campagne fut courte : commencée le 6 juillet, elle se termina le 27 septembre.

CHAPITRE XIV.

LE CONSEIL D'AMIRAUTÉ. — LA CAMPAGNE DE RIO-JANEIRO. — L'ACADÉMIE DES SCIENCES. — LA RÉVOLUTION DE 1830.

Une période de loisir s'ouvrait enfin. Durant quarante-deux mois et vingt-sept jours, le contre-amiral Roussin ne fut plus qu'un homme de bureau. Il n'y a que les capitans-pachas qui commandent toute leur vie. Il est vrai que leur vie est souvent abrégée lorsqu'ils cessent de plaire. Ne nous plaignons donc pas trop de notre sort. A l'exemple de l'Angleterre, la France créait, le 21 août 1824, un conseil d'amirauté. On espérait, grâce à cet expédient, pouvoir se dispenser de chercher dans la marine même le ministre à qui l'on confierait la conduite de ses destinées. Grande illusion, suivant moi ! La responsabilité, quelque détour qu'on prenne pour en alléger le fardeau, ne se partage pas. « Le conseil d'amirauté entendu », des décisions de la plus grave importance furent prises dans l'espace de quelques années. Préfectures maritimes, équipages de ligne, vaisseau-école pour l'instruction des aspirants, ordonnance du 27 octobre 1827 sur le service à la mer, sortirent presque à la fois des élucubrations qui aspiraient à reprendre en sous-œuvre la vieille maison édifiée par Colbert. On a beaucoup pâli, même en des temps récents, sur l'organisation du service des arsenaux. Je n'y attache, pour ma part, qu'un très-médiocre intérêt. Les mesures réellement fécondes, mesures que l'on doit à deux règnes différents, sont, à mon sens : l'institution des écoles de spécialités et la constitution encore solide et vivace de la maistrance navale. Le contre-amiral Roussin — c'était la plus haute marque d'estime et de confiance que le gouvernement de la Restauration pût lui donner — fut appelé, dès la création du conseil d'amirauté, à en faire partie. Si l'organisation qui nous régit encore a quelque valeur, le contre-amiral Roussin serait assurément en droit de revendiquer l'honneur d'avoir, plus que tout autre, contribué à la fonder. Je ne regretterai cependant pas pour sa gloire que ces fonctions administratives ne se soient pas prolongées outre mesure. L'amiral, dans mon humble opinion, avait un meilleur emploi à faire des rares qualités que onze années de service actif, de 1817 à 1828, achevèrent de mûrir.

En 1827, la capture de sept bâtiments français arrêtés, à l'embouchure de la Plata, par les forces brésiliennes, en vertu de doctrines que la France n'a jamais admises, fit naître entre l'empereur don Pedro Ier et le gouvernement français un conflit sérieux. Pendant des mois entiers, la diplomatie s'efforça en vain d'aplanir le différend. Il fallut se résoudre à une démonstration armée. Le contre-amiral Roussin fut placé à la tête d'une division navale composée du vaisseau *le Jean-Bart,* des frégates *la Terpsichore, la Nymphe, l'Aréthuse, la Magicienne,* des corvettes *l'Isis* et *la Railleuse,* des bricks-avisos *l'Iris* et *le Cygne.* L'amiral arbora son pavillon sur le *Jean-Bart* le 25 avril 1828. Au mois de mai, il quittait le port de Brest. La route du Brésil lui était familière. On ne savait pourtant pas encore que, pour couper la ligne, en d'autres termes, pour sortir du fameux et lugubre « pot au noir », il vaut mieux ne pas se laisser intimider par l'exemple de Cabral, qui découvrit le Brésil malgré lui. S'opiniâtrer, dans la crainte des courants équatoriaux, à suivre le long de la côte d'Afrique « la route des Portugais », est une mauvaise tactique.

En s'abandonnant, au contraire, aux vents variables qui règnent sous l'équateur, en prolongeant franchement sa bordée vers le continent américain, on ne tarde pas à retrouver un ciel clair et le régime régulier des alisés. Cette confiance ne nous a été inspirée que depuis une trentaine d'années par le succès de quelques capitaines américains. La route des Portugais, recommandée encore par le *Pilote du Brésil,* retint assez longtemps le *Jean-Bart* dans des parages où les grains sont fréquents. Un de ces tourbillons soudains, difficiles à prévoir, surprit le fier vaisseau toutes voiles déployées, les cacatois en tête de mât, et lui coûta la perte de sa grand'vergue. L'accident me fut plus d'une fois raconté par de vieux matelots, durant les quarts de nuit, sur le gaillard d'avant de l'*Aurore*. L'amiral Roussin le supporta sans humeur et le répara si promptement, que sa traversée en fut à peine allongée. Le 5 juillet, il arrivait devant l'entrée de Rio-Janeiro.

Sans perdre un instant, sans s'amuser à parlementer avec les forts qui le hélent, il franchit tout d'un trait les formidables passes hérissées d'artillerie. Duguay-Trouin lui a donné l'exemple, et pourtant Duguay-Trouin, s'il eût pu voir les fortifications nouvelles sous lesquelles l'escadre en branle-bas de combat et mèches allumées défile, n'aurait pu s'empêcher d'applaudir à tant d'audace. Les canonniers des batteries, pris à l'improviste, hésitent, attendent des ordres : vaisseaux, frégates, corvettes, bricks, toute l'escadre, entraînée par l'exemple du *Jean-Bart,* est déjà hors de portée. Roussin va jeter l'ancre à six cents mètres des quais de la ville. Dès ce moment, il était maître de la position. Il salue le pavillon brésilien : le salut lui est rendu coup pour coup. Il demande une audience à l'Empereur : l'audience lui est sur-le-champ accordée. En quelques jours, l'intelligence se trouve rétablie entre les deux pays. Au mois de septembre 1829, l'escadre rentrait à Brest. Le 15 septembre, l'amiral, pacifiquement victorieux, amenait son pavillon.

« Le Roi, lui écrivait le ministre de la marine, a remarqué la manière franche et hardie dont vous avez débuté sur la rade de Rio-Janeiro, en venant mouiller devant cette ville, prêt à vous conduire en ami ou en ennemi, suivant les circonstances. Vous avez eu, aussitôt après, une heureuse inspiration en brusquant votre première entrevue avec l'empereur don Pedro. Il n'est pas douteux que cette démarche n'ait aplani tous les obstacles. Ainsi, Monsieur le contre-amiral, vous avez amené, par votre attitude, la solution d'une difficulté qui intéressait essentiellement notre commerce, et vous avez fait consacrer pour l'avenir un principe important de droit maritime, principe qu'à l'exemple de l'Angleterre, le Brésil n'avait pas voulu jusque-là reconnaître. Il n'a point échappé au Roi qu'étant à la tête de forces suffisantes pour détruire, s'il l'eût fallu, celles que la marine brésilienne aurait pu vous opposer, vous avez su résister au désir, si naturel chez les Français, de triompher les armes à la main, et que vous avez préféré parvenir au même résultat d'une manière également honorable pour le pavillon de Sa Majesté, sans sacrifier aucun des bâtiments ni des marins qu'elle avait mis à votre disposition, sans rompre les liens d'amitié qu'il importe à la France de conserver avec la seule monarchie qui existe en Amérique. »

Le contre-amiral Roussin était déjà baron : le Roi voulut le nommer gentilhomme de sa chambre. Je ne dirai pas avec un des biographes de l'amiral : « Cette faveur, il ne l'avait assurément pas sollicitée ; il se montra même fort contrarié quand il apprit que le Roi l'avait élevé à une distinction qui ne s'alliait ni avec les habitudes de sa vie ni avec son caractère. » J'aime à croire, au contraire, qu'il en fut très-flatté.

« On ne prête qu'aux riches », affirme le proverbe. Le contre-amiral Roussin devait l'éprouver. A peine était-il l'objet de l'attention du monarque qu'une ambition, dont il lui était bien permis de caresser secrètement la pensée, mais dont il n'eût jamais peut-être osé risquer l'aveu, se trouvait tout à coup satisfaite. Le 25 janvier 1830, l'Académie des sciences l'appelait dans son sein par quarante-neuf suffrages sur cinquante-deux votants. Que de fois j'ai accompagné l'élu reconnaissant de l'Institut jusqu'aux portes du palais où tant d'illustrations se plaisaient à lui faire fête ! Que de fois je l'en ai vu revenir heureux et pour ainsi dire rajeuni ! C'était au temps où ses forces, prématurément affaiblies, lui annonçaient déjà l'inévitable déclin. Il oubliait tout, les affaires, les soucis, les souffrances, dès l'instant où il pénétrait dans ce temple serein de la science et de la sagesse.

Je vais anticiper sur les événements : le moment cependant ne saurait être mieux choisi pour montrer les sentiments qui l'animaient envers une compagnie dont les membres ont tant fait pour la gloire

de la France. L'entrée du Tage a été forcée : il a
écrit au ministre, il a écrit à sa femme, il a écrit
à sa mère. Maintenant il s'adresse au président de
l'Académie des sciences : « Monsieur le président,
lui dit-il, ce n'est pas sans un peu de défiance que
je prends la liberté de vous écrire. Privé depuis dix
mois de la société de confrères qui commandent au
plus haut degré mon attachement et mon respect,
une si longue absence m'a sans doute effacé de leur
souvenir : le leur m'est toujours présent, et j'é-
prouve souvent le désir de le leur dire. Une circonstance de quelque intérêt m'encourage : je me suis
flatté qu'elle servirait de passe-port à l'hommage de
mes sentiments pour l'Académie. A la faveur du
léger bruit qui lui parviendra de Lisbonne, j'espère qu'elle distinguera avec bonté le nom d'un de
ses membres. C'est dans cette confiance que je
vous adresse ces deux mots. Veuillez, Monsieur le
président, y voir l'expression de l'affection respec-
tueuse que je porte à mes confrères et dont je vous
prie de vouloir bien être l'interprète auprès d'eux. »

En 1830, la vieillesse ennemie n'approchait pas
encore du vaillant officier général. Le contre-amiral Roussin était alors dans toute la force, dans
toute la verdeur de sa maturité. L'avenir s'ouvrait

devant lui rempli de promesses : la révolution de Juillet vint brusquement fermer ces perspectives. Par bonheur, je l'ai déjà dit plus haut, si notre pays a connu, depuis l'année 1789, bien des périodes troublées, ces vicissitudes politiques, en se multipliant, ont, comme d'autres fléaux, notablement perdu de leur venin. Le gouvernement sorti des barricades ne fit de victimes que parmi ceux qui mirent leur honneur à réclamer ce rôle. Était-ce bien au moment où la flamme menaçait de gagner toute l'Europe, où la guerre étrangère semblait, pour mille motifs, prochaine et inévitable, qu'un officier de quelque valeur eût pu songer à se réfugier dans la retraite? Ni l'amiral Duperré, ni l'amiral Roussin, ni l'amiral de Rigny, ni l'amiral de Mackau, n'apprécièrent ainsi leur devoir. Ils ne sortirent pas de nos rangs. Tout bon Français en remerciera le ciel.

Au mois de novembre 1830, le contre-amiral Roussin était appelé, en qualité de préfet maritime, à prendre la direction de notre plus important arsenal, du port de Brest. Il y trouva le choléra et l'émeute, fit avec une égale énergie face aux deux calamités, mérita les bénédictions du peuple et l'estime de tous les gens de bien. Une ordonnance

du 26 avril 1831 le nomma grand-officier de la
Légion d'honneur. Moins d'un mois après, il était
investi du commandement des forces navales destinées à exiger du gouvernement portugais « réparation des injustices dont les Français établis à
Lisbonne avaient à se plaindre ».

CHAPITRE XV.

« Le monde est bien malade, monsieur l'amiral », disait le roi Jean VI à mon père, qui, revenant de la mer du Sud, lui était, en 1819, présenté au Brésil. En quel temps le monde n'a-t-il pas été malade? Il semblerait vraiment que notre génération ait été la seule à souffrir des agitations auxquelles il a plu au ciel de livrer l'esprit humain. A toutes les époques de l'histoire, il y a eu des satisfaits et des mécontents, des riches et des pauvres, des enfants gâtés et des déshérités. Ne cherchons pas ailleurs, de quelque beau nom qu'on les décore, le secret des aspirations qui troublent de temps à autre les situations acquises, ne prétendant pas au fond autre chose que substituer une couche sociale à une autre. On ne peut toutefois méconnaître la profondeur de la leçon que Joseph de Maistre donnait du même coup aux gouvernants et aux gouvernés : « Je voudrais, disait-il, pouvoir me placer entre les peuples et les rois; dire aux peuples : Les abus valent mieux que les révolutions, et aux rois : Les abus mènent aux révolutions. »

Il existait de nombreux abus dans les vieilles monarchies. Je n'ai pas, ce me semble, à le prouver; la chose est généralement admise. La période de réaction qui suivit la chute de l'Empire rendit, par une pente naturelle, ces abus à la fois plus audacieux et plus criants : l'esprit de discussion qu'avait éveillé la Révolution française les rendit plus difficiles à supporter. Au commencement de l'année 1820, l'Espagne se soulève; au mois de septembre, le Portugal réclame à son tour une constitution. Chassé du Brésil par une insurrection inattendue, le roi Jean VI vient, sur ces entrefaites, reprendre, le 3 juillet 1821, le gouvernement de ses États de terre ferme. Quel chemin ont fait les idées depuis le jour où le plus débonnaire des souverains évacuait Lisbonne pour y céder la place à l'armée de Junot! Ce ne sont plus les Portugais du 29 novembre 1806 que l'héritier de la maison de Bragance retrouve; c'est tout un peuple en proie aux passions jusqu'alors contenues, qui, pendant quinze années, ont couvé sous la cendre. Le mot de l'empereur

François à la diète de Hongrie est plus vrai que jamais « : *Totus mundus stulticitat et vult habere constitutiones novas.* L'Europe en démence ne rêve qu'institutions nouvelles. » Le bon Jean VI s'accommoderait assez volontiers d'un régime qui appelle des chambres, des ministres, au partage de la responsabilité royale. Il n'a pas, comme tant d'autres souverains, la fureur de gouverner par lui-même; il se contentera fort bien de régner.

La fierté de la Reine ne se soumet pas aussi aisément; la Reine s'indigne à la seule pensée d'un compromis, qui n'est à ses yeux qu'une abdication déguisée. Jean VI a deux fils. Le ciel les a faits d'humeur très-différente. L'un d'eux, l'aîné, a l'esprit libéral : il est resté au Brésil, où il règne, depuis le départ de son père, sous le nom de don Pedro Ier. Le second, don Miguel, a gardé pour sa part tous les instincts despotiques de la race. Il aspire ouvertement, sans vouloir prendre la peine de s'en cacher, au trône de Portugal, quand la mort de son père rendra ce trône vacant. Le 10 mars 1826, Jean VI trouve enfin dans la tombe le repos qu'il n'a jamais connu sur la terre. Don Miguel, après maintes péripéties, voit réaliser ses espérances : il est roi. L'absolutisme avec lui a repris l'avantage;

le Portugal se remet hardiment en marche pour remonter, si la chose est encore possible, le cours des siècles. Don Miguel ne croit pas la tâche au-dessus de ses forces et de son courage. Un nouveau coup de tonnerre éclate : la révolution s'est rendue maîtresse de la France. Que tous les souverains se tiennent sur leurs gardes! Le fils de Jean VI reste un instant atterré. Sa nature l'emporte : il combattra la contagion par le fer et le feu. La révolution de 1830 lui est apparue comme un sacrilége; la ma-jesté des rois est intéressée à la proscrire et à la détester. Tels sont ses sentiments; il n'en fait pas mystère. La déportation, les emprisonnements, les amendes, la flagellation en place pnblique, infligés aux Français sous le moindre prétexte, ne sont à ses yeux que l'expiation du grand attentat que son cœur abhorre. Il y allait de l'honneur, de la sécurité même du gouvernement de Juillet, de ne pas laisser de semblables offenses impunies.

Les négociations demeuraient infructeuses. Pou-vait-il en être autrement? L'envoi d'une force navale devant le Tage fut résolu. L'Angleterre ne s'y opposait pas; tout un parti dans ce parlement, où l'on a vu se manifester tour à tour des sympathies pour les causes les plus diverses, semblait même

12.

nous y encourager. L'Angleterre libérale avait eu, elle aussi, ses craintes; la révolution de Juillet les dissipa. Il ne lui paraissait pas bon qu'on mît au ban de l'Europe la seule monarchie qui voulût se modeler à son image. Le gouvernement de Juillet était donc assuré d'avoir le champ libre.

La démonstration armée fut, au début, restreinte, la force employée peu considérable. Le blocus du Tage est déclaré. Une division, placée sous les ordres du capitaine de vaisseau de Rabaudy, — encore un officier de la *Sémillante*, — a mission de le maintenir. Cette divison ne se composait que de la frégate *la Melpomène* et de quelques corvettes. Plusieurs navires de commerce portugais se virent brusquement arrêtés en mer. Le commandant de Rabaudy les expédia sur Brest. Le dommage n'était pas sérieux; le gouvernement de don Miguel n'en tint compte. Il fallut se résoudre à vaincre sa résistance par une agression plus directe et plus imposante. L'armement d'une escadre fut prescrit au port de Toulon. Le contre-amiral Hugon conduirait dans les eaux du Tage les forces réunies dans la Méditerranée; le contre-amiral Roussin — le souvenir de Rio-Janeiro le désignait d'avance — viendrait prendre, avec la direction supérieure des affaires, le commandement en chef de l'escadre de Toulon en même temps que celui de la division de blocus. Il arborerait à Brest son pavillon à bord du vaisseau de quatre-vingt-dix canons *le Suffren,* magnifique navire construit sur un plan entièrement nouveau, par un ingénieur de grand mérite, M. Leroux. Quand la triple jonction serait accomplie, la flotte d'opération ne compterait pas moins de quinze bâtiments : six vaisseaux de ligne, — je les nomme suivant le rang d'ancienneté des capitaines, — le *Marengo,* commandant Maillard de Liscourt; l'*Algésiras,* commandant Moulac; la *Ville de Marseille,* commandant de la Susse; le *Suffren,* commandant Trotel; l'*Alger,* commandant Leblanc; le *Trident,* portant le pavillon du contre-amiral Hugon, commandant Casy; — cinq grandes frégates : la *Pallas,* commandant de Forsans; la *Melpomène,* commandant de Rabaudy; l'*Indépendante,* commandant Couhite; la *Sirène,* commandant Charmasson; la *Guerrière,* commandant Kerdrain; — deux corvettes à gaillards : l'*Églé,* commandant Rafy; la *Diligente,* commandant Garibou; — deux bricks de 16 : le *Hussard,* commandant Thoulon; l'*Endymion,* commandant Nonay.

L'effort témoignait encore une fois de la renais-
sance de notre marine. Après Navarin, Alger; après
Alger, le Tage. La France reparaissait sur les mers
dans tout son éclat. Qu'eût-ce été si les bouleverse-
ments politiques l'avaient épargnée! Les navires
étaient excellents; les capitaines avaient tous fait la
guerre, — la grande guerre. — L'amiral de Rigny
venait, dans le Levant, de les retremper à son
école. Ils unissaient la vigueur de 1812 aux habitudes de bonne tenue et de régularité contractées
dans la longue fréquentation des marines étrangères.

« L'affaire dont il s'agit, écrivait, le 3 mai 1831,
à M. le comte d'Argout, ministre de la marine, le
général Horace Sébastiani, alors ministre des affaires
étrangères, est exclusivement française. En conséquence, le commandant des forces navales doit
s'abstenir avec le plus grand soin d'y mêler toute
espèce de question relative à la situation intérieure
du Portugal. Il doit rester entièrement étranger à
toute intrigue directe ou indirecte contre le gouvernement de ce pays. » Instructions prudentes, à
coup sûr, mais instructions tenues de rester avant
tout secrètes : l'opinion publique ne les aurait pas
ratifiées. L'opinion, en 1831, était acquise à tous

les insurgés ; elle entendait formellement réserver
ses applaudissements et son approbation aux faits
d'armes qui feraient sauter un trône.

L'ordre de départ expédié de Paris parvint à
Brest le 9 juin au soir. Le *Suffren* venait d'arriver
de Cherbourg. Si le vent eût été favorable, l'amiral
fût parti dès le lendemain. Les navires à voiles, par
malheur, sont obligés de compter avec le vent. Les
impatiences, les anxiétés commencent. Je vais
raconter l'histoire d'une grande responsabilité ; je
désire que ce soit une leçon profitable pour nos
futurs officiers généraux. Mon admiration pour
l'entrée de vive force d'une escadre française dans
le Tage est chez moi un héritage de famille. Mon
père avait le jugement sûr, parce qu'il avait le cœur
élevé : une basse jalousie n'effleura jamais son âme.
Je l'ai entendu maintes fois déclarer que cette affaire,
au fond peu sanglante, était un des plus beaux faits
d'armes, sinon le plus beau, qui ait, dans les temps
modernes, illustré nos fastes maritimes. Il m'a fallu
étudier de près les difficultés de l'entreprise pour
me rendre un compte bien exact des motifs qui
inspiraient à mon père cet enthousiasme, au premier
abord excessif. La lumière ne s'est faite que peu à
peu dans mon esprit : elle est devenue éclatante

quand j'ai connu par ma propre expérience ce que comporte de doutes une grave résolution à prendre. Vaincre, quand on s'y trouve en quelque sorte contraint par les circonstances, a été le lot de plusieurs ; aller volontairement au-devant de l'épreuve, s'exposer au désastre pour conquérir la gloire, n'appartient qu'à la race des Roussin, des Nelson et des Suffren.

« Je suis établi sur le *Suffren* depuis hier, écrivait le 9 juin au matin l'amiral Roussin. Depuis vingt-quatre heures, les vents sont au sud-ouest, le baromètre bas. Je ne suis jamais allé à Lisbonne, et je le regrette fort, car c'est un grand avantage en toute chose que d'*avoir vu*. Les hostilités sont commencées. Si les Portugais ont un peu de sens, ils défendront l'entrée du Tage. D'où il faut conclure d'abord l'absence de pilotes, si ce ne sont des pilotes arrêtés en mer et, par conséquent, peu sûrs. » Le 11 juin, il a pris connaissance des dépêches du ministre. Il répond par le télégraphe : « Deux heures après la réception de vos dépêches, toute communication du *Suffren* avec la terre a été interrompue. Le vaisseau n'a plus qu'à filer son corps mort. Le vent, qui avait passé à l'ouest dès le 8, souffle encore de cette partie avec force. Il est impossible d'appareiller. Soyez sûr que je saisirai le premier instant favorable. » Il le disait et il devait non pas seulement tenir parole, mais trouver *favorable* un instant qui, dans l'opinion de tous les marins, ne l'était pas.

Les ordres du ministre deviennent d'heure en heure plus pressants. Voici le nouvel avis qui, parti de Paris le 15 juin, à une heure trente minutes du soir, sur les ailes du télégraphe, parvient le même jour à Brest, à quatre heures quarante-cinq minutes de l'après-midi : « A la suite d'une révolution, l'Empereur et l'Impératrice ont été forcés de quitter le Brésil. Ils viennent de relâcher à Cherbourg sur une corvette anglaise. Cela peut amener quelques changements à Lisbonne : cependant, partez. Je vous enverrai, s'il y a lieu, des instructions supplémentaires par la *Guerrière*. »

Partir ! Le 12 juin, « le vent est toujours grand frais de sud-ouest ». Le 13 juin, « il souffle de l'ouest-nord-ouest ». Dans la nuit, « calme plat ». Le 14, « faible brise d'ouest-sud-ouest : grande marée ». Il était autrefois de règle à Brest de ne jamais tenter de franchir le goulet, — à moins qu'on n'eût tout à fait vent sous vergue et une brise bien établie, — en plein jusant. La marée est sans doute d'un puissant secours pour s'élever au vent, quand le vent est contraire ; seulement, si l'on s'échoue pendant que la mer baisse, on peut se considérer comme perdu. La roche Mingan est, dans ce cas, bien autrement à craindre que les rochers de Scylla ou que le gouffre de Charybde. Le vaisseau *le Golymin* y a disparu ; la frégate *l'Aurore* a failli y rester [1]. D'un autre côté, vouloir refouler à la fois le flot, courant contraire, et le vent, n'est tentative permise qu'à la vapeur. Une frégate, une corvette, un brick, auraient été enchaînés au mouillage. Qu'attendre d'un vaisseau de quatre-vingt-dix canons, tout frais échappé du port, avec une maistrance inconnue et un équipage novice ?

Un de ces coups de bascule familiers au régime parlementaire a remplacé au ministère de la marine le comte d'Argout par le vice-amiral de Rigny. « Mon général, écrit, le 14 juin, au nouveau ministre, l'amiral dont la résignation se trouve mise à si rude épreuve, la plus insupportable contrariété semble s'attacher à nous. Les vents d'ouest continuent depuis le 8 au matin, sans qu'il y ait eu un seul moment d'espoir de les voir cesser. Tous

---

[1] Voyez, dans l'ouvrage intitulé : *La marine d'autrefois,* E. Plon, Nourrit et Cie, éditeurs, — le chapitre premier, p. 7 et 8.

les meilleurs pilotes du pays sont à bord : ils sont unanimes sur l'impossibilité de sortir, tant que ce temps durera. Je vois avec désespoir le temps s'écouler. Je sais, par votre dépêche d'hier, que l'escadre de Toulon est partie le 9. Nous sommes ici, les amarres à la main, depuis quatre jours. Rien ne peut exprimer mon impatience et mon chagrin. L'idée que cette contrariété peut faire manquer la mission m'est horrible. C'est le 8 que la *nuaison* de douze jours de vent de nord-est a cessé, c'est-à-dire précisément vingt-quatre heures avant l'arrivée de votre estafette. Depuis ce moment, il n'y a même pas eu l'apparence d'un temps favorable. »

La plainte est ici contenue : l'amiral tient à garder le ton qui convient à une dépêche officielle. Avec ses amis, il donnera un plus libre cours à sa bile. Nous verrons mieux ainsi à quelles épreuves le commandement en chef peut soumettre une âme inquiète, une âme soucieuse au plus haut degré de la moindre ombre qui ternirait sa réputation. L'amour-propre, je l'ai déjà dit et je l'ai toujours pensé, est le grand ressort de la machine humaine. Sans lui, les rouages, paresseux par nature, s'endormiraient. Que de souffrances pourtant dans cette tension continue de l'esprit vers l'approbation des Athéniens! Combien le sentiment de la responsabilité s'en aggrave! Jamais cœur ne fut plus épris de la gloire que celui de l'amiral Roussin. Ministre de la marine en 1840, « il fut, nous apprend un de ses biographes, atteint d'une débilité dans les jambes, résultat des fatigues de mer, du travail de cabinet et d'une chute malheureuse ». Non! ce n'est pas la fatigue, ce n'est pas le travail, ce n'est pas l'accident qu'on en veut rendre responsable, qui troubla si profondément le système nerveux de l'illustre amiral. Il s'était, — qu'on me passe l'expression, — *dévoré* toute sa vie : l'horloge ne pouvait résister indéfiniment à ces vibrations constantes; elle perdit peu à peu l'équilibre. Les âmes froides sont heureuses. Peut-on dire qu'elles soient aussi bien préparées aux grandes choses que les âmes qui tressaillent involontairement au moindre appel? Les phrénologistes ont voulu distinguer l'*orgueil* de l'*approbativité*. L'orgueil se contente de sa propre approbation; l'approbativité a besoin de celle des autres. Est-ce de l'orgueil, est-ce de l'approbativité que vous découvrirez dans la lettre tout intime que je vais ici transcrire?

Le 15 juin 1831, l'amiral Roussin écrit à son

ami le baron Tupinier, ingénieur éminent, admi-
nistrateur de premier ordre, à qui le cousin germain
de mon père, le vicomte Jurien, a, depuis l'année
1827, abandonné de son plein gré la direction des
mouvements et du matériel au ministère de la marine[1] : « Mon cher ami, lui dit-il, avez-vous quel-

[1] « Monseigneur, écrivait au ministre de la marine, le 5 décembre
1823, le prédécesseur de M. Tupinier, c'est en vertu d'une décision du Roi, du 8 juin 1814, et d'une ordonnance de Sa Majesté,
du 25 juillet 1815, que je remplis les fonctions dont je suis chargé :
je ne puis m'en éloigner que par une démission formelle, et je la
remets à Votre Excellence.

« Lors de votre avénement au ministère, je vous pressentis,
Monseigneur, sur l'intention que j'avais de devancer, moi-même,
le moment où l'expérience m'a appris qu'un âge trop avancé
expose souvent les hommes qui sont dans ma situation à n'être que
supportés.

« Ce terme est arrivé : je compte quarante-deux ans de services ; dans trois mois, j'aurai soixante et un ans. Il est temps que
je remette ma place à un successeur plus jeune. Je vous prie donc,
Monseigneur, de trouver bon que je cesse d'être chargé de la
deuxième direction. Je me retire avec la conscience d'avoir rempli mes devoirs, autant qu'il était en moi. J'emporte surtout une
profonde reconnaissance des témoignages d'estime et d'intérêt dont
vous m'avez honoré. »

Le 24 décembre, le marquis de Clermont-Tonnerre écrivait, de
son côté au Roi, en l'informant de la décision prise par le *directeur
des ports* : « Votre Majesté ne compte dans aucun département de
fonctionnaire plus fidèle, plus dévoué et plus digne de toute sa
bienveillance. J'ose en réclamer l'effet, en sollicitant pour lui, au
moment où le besoin de quelque repos le force à se séparer de
moi, un éclatant témoignage de satisfaction. Je supplie Votre Majesté de lui conférer le titre de vicomte. Une semblable distinction
sera la juste récompense de ses loyaux services, et elle perpétuera

ques sentiments de pitié dont vous ne sachiez que faire? Accordez-les à un malheureux qui, eût-il tué père et mère, n'aurait pas mérité les tribulations que j'endure depuis sept jours. Vous figurez-vous ce malheureux enfermé entre quatre planches depuis le 9 du mois, l'œil et l'âme attachés à la girouette maudite qui vient sans fin et sans cesse du sud-ouest? Comprenez-vous un homme dans ma position, cloué sur la rade par l'inexorable vent d'ouest? Jamais il ne m'est arrivé pareille chose; aussi en suis-je bouleversé et malade. Après une série de douze jours de vent de nord-est, il est trop naturel d'en avoir de contraires; mais il faudrait pour se résigner qu'il ne fût question que d'un voyage à Constantinople. Quinze jours plus tôt ou plus tard n'y feraient rien. Mais ici! Je sais que l'escadre de Toulon est partie le 9; que les Portugais perdent leurs bâtiments de commerce; que l'heure de don Miguel est sonnée; que don Pedro

dans sa famille les bontés dont son père avait été honoré par S. M. Louis XVI, qui, en lui accordant des lettres de noblesse, voulut qu'il portât dans ses armes cette honorable devise, si bien justifiée par le fils : *Integer vitæ*.

« Je demande en même temps à Votre Majesté l'autorisation de donner pour successeur à M. Jurien, M. Tupinier, directeur des constructions navales et ancien chef de division, qui, depuis neuf années, occupe la place de sous-directeur des ports. »

est arrivé en France. Mille événements peuvent s'ensuivre. Par quelle fatalité faut-il que je sois retenu! Impossible d'appareiller. Depuis le 8, vent d'ouest opiniâtre et forcé : il n'y a nulle chance de bouger un vaisseau. Patience donc jusqu'à la mort! Quand elle viendra, je serai bien maigre, car, à la lettre, j'enrage. Nuit et jour, nous sommes aux aguets. Que le moindre jour se présente, je m'y jetterai pour tâcher de réparer le temps perdu. Faites des vœux pour moi, mon cher ami : jamais je n'en ai eu tant besoin. Je vous embrasse bien affectueusement. » Clytemnestre, tremblez pour votre fille! Si le vent ne doit changer qu'à ce prix, on l'immolera.

O Nelson, votre grande âme n'eût-elle pas compati à ces souffrances morales? Ne les avez-vous pas maintes fois éprouvées? Ne vous auraient-elles pas prématurément ravi à la terre, si la balle du *Redoutable* n'eût pris les devants? Les dieux cependant se sont laissé toucher. Nous trouvons ce *post-scriptum* à la lettre que je viens de reproduire : « 15 juin, huit heures du soir : Renfort de vent de sud-ouest. Déluge de pluie. — Tempête. — A demain. » C'est la crise : espérons.

« Le 16 juin, écrit au ministre l'amiral affranchi

par un coup d'audace de ses entraves, le vent
d'ouest me parut maniable ; le baromètre ne baissait
pas ; la saison n'était pas rigoureuse : je fis appareiller à sept heures du matin. Nos efforts réus-
sirent. Le vaisseau ne manqua pas une seule évolution. A dix heures du soir, sur notre trente et
unième bordée depuis le départ de la rade, nous
doublâmes Ouessant. »

Trente et un virements de bord dans l'Iroise,
trente et une évolutions de jour et de nuit, au
milieu de tant de rochers et d'écueils, à une époque
où le phare de Saint-Mathieu éclairait seul les
passes, ce n'est pas, on en conviendra, une entrée
en campagne ordinaire. Il n'y a que mon ami, le
commandant Grasset, — aujourd'hui contre-amiral, — qui ait renouvelé ce tour de force, mais il
l'a renouvelé sur une frégate. Et puis, tout le monde
n'a pas le coup d'œil et le sang-froid du capitaine
de la *Résolue !*

Que l'amiral Decrès avait donc raison quand il
écrivait : « Désignez-moi, pour commander la
Gloire, un officier qui revienne de l'Inde ! » J'aurais
pourtant préféré encore, si j'eusse été le ministre
de l'Empereur, un officier revenant de la Manche
ou de la mer du Nord. Voilà, suivant moi, la grande,

la bonne école! Ma voix, depuis seize ans, crie dans
le désert : on était trop occupé du Tonkin. Une
autre voix, bien plus autorisée, celle du commandant Bouvet, fut-elle, en d'autre temps, mieux
écoutée? « Je voudrais, proclamait, en 1821, l'ancien capitaine de l'*Aréthuse,* que nul ne fût admis
dans le corps des officiers de la marine royale, s'il
ne justifiait avoir navigué pendant trois années au
cabotage, et s'il ne pouvait répondre d'une manière
satisfaisante à un examen sévère sur la pratique
des côtes de France, sur l'entrée des ports, sur les
sondes des passes et des baies, sur les mouillages. »
On traita le héros de l'Inde de barbare :

> Barbarus hic ego sum, quia non intelligor illis.

Bouvet, au fond, ne demandait que ce que
les Anglais ont mis en pratique depuis le temps
d'Édouard IV. Je serais curieux de comparer les
examens des *midshipmen* de la Reine à ceux de nos
aspirants. Non, certes, que je veuille déprécier le
moins du monde notre vaillant corps d'officiers,
mais il faut toujours avoir en vue ses plus sérieux
adversaires et chercher à pénétrer quelles ont été
les causes de leurs succès.

Être hors de l'Iroise, c'est déjà un grand point.

La route, néanmoins, est encore longue, pour peu que le vent soit contraire, d'Ouessant à Lisbonne.

« Le vent, poursuit le contre-amiral Roussin, ne s'améliorait pas. La nuaison de sud-ouest continua son cours les jours suivants. Le 22 juin, nous n'étions encore qu'à soixante-dix lieues dans le nord-ouest de Brest. Enfin, après vingt-quatre heures de calme, la brise se leva du nord, et, le 25 à midi, je me trouvai en vue des îles Barlingues, d'où je portai sur le cap la Roque. Je me maintins à petits bords pendant la nuit. Le lendemain 26, je communiquai avec le capitaine de vaisseau de Rabaudy. Il me rendit compte qu'il avait expédié la veille la seizième prise portugaise; que, le 16, il avait envoyé à Brest la corvette *la Diligente* pour y déposer les prisonniers et y refaire des vivres. »

CHAPITRE XVI.

UNE PASSE A FORCER ET UNE GRANDE RESPONSABILITÉ
A PRENDRE.

Il s'est trouvé des gens pour qualifier l'entrée de l'amiral Roussin dans le Tage de « succès facile ». Oui, facile,... comme la découverte du nouveau monde; il fallait seulement avoir le courage de l'essayer. C'est à ce courage que je veux rendre hommage. Je tiens à mettre nos jeunes officiers en présence de tous les doutes, de tous les scrupules qui assiégèrent, pendant près d'un mois, l'esprit d'un des hommes de guerre les plus résolus qu'ait possédés notre marine. Ils apprendront ainsi ce qu'il convient d'entendre par ce grand mot qui résume toute la science et toutes les épreuves du commandement : la responsabilité. Ce que je leur offre ici n'est autre chose que le *journal de bord* de l'amiral Roussin, de l'amiral conférant avec lui-même, attestant, par un document qui ne fut jamais destiné à voir le jour, les phases que sa détermination a traversées, avant d'aboutir à l'acte de vigueur dont il importe de perpétuer le souvenir.

Que savait-on de l'entrée du Tage [1], quand l'amiral Roussin reçut l'ordre de la forcer, si l'obstination du gouvernement portugais lui en démontrait la nécessité? On savait qu'en 1806 et en 1807, le contre-amiral sir Sidney Smith, celui-là même dont Napoléon disait à Sainte-Hélène « qu'il lui avait fait manquer sa fortune », s'était, quand nous occupions Lisbonne, borné à la bloquer. Depuis cette époque, les défenses du Tage étaient, d'un consentement unanime, réputées « inexpugnables ». On ne discutait plus la question. Outre ce renseignement, si positif dans sa concision, le ministère n'avait à communiquer au commandant de nos forces navales que des rapports d'émigrés. Personne n'ignore, je pense, que les rapports d'émigrés doivent toujours être tenus pour suspects. Les émigrés, — je ne les en blâme pas, — aplanissent à dessein les difficultés devant l'étranger qu'ils veulent engager à tout prix. Un échec ne pourra que leur garantir plus sûrement encore le concours dont ils ont besoin.

[1] Voyez la carte de l'entrée du Tage à la fin du volume.

L'embouchure du Tage est comprise entre le fort Saint-Julien, bâti sur la terre ferme, et le fort de Bugio, élevé sur un îlot complétement isolé du rivage. Cette embouchure a un mille trois quarts de large, — trois mille deux cent quarante et un mètres, de seize à dix-sept encablures à peu près. L'espace navigable se trouve singulièrement rétréci par deux bancs qui se prolongent sous l'eau, dans la direction du sud-ouest, dangereux récifs dont la présence n'est signalée, même à marée basse, que par les remous du fleuve. Ces deux traînées de roches et de sable portent le nom de Cachopo du nord et de Cachopo du sud. Entre le Cachopo du nord et le fort Saint-Julien, il existe une passe, — la petite passe, — large de deux encablures, profonde de dix et onze mètres, très-courte, par conséquent très-facile à franchir, pourvu que le vent soit franc, bien établi, et qu'il souffle de l'arrière. Le chenal du sud est la grande porte du Tage. La profondeur de l'eau s'y maintient, pendant tout le parcours, entre treize et vingt mètres. Cette passe, — la grande passe, — où peuvent s'engager, de tout temps et en pleine confiance, les plus forts vaisseaux de ligne, conserve, jusque dans sa partie la plus étroite, une largeur d'un mille marin au moins. La longueur du mille marin est de mille huit cent cinquante-deux mètres.

Le fort Saint-Julien, la tour de Belem, la ville de Lisbonne occupent la rive droite du fleuve. Du fort Saint-Julien à la tour de Belem, on compte un peu plus de cinq milles; de la tour de Belem aux quais de la ville, moins de quatre. Contenu par les hautes falaises de la rive gauche, le fleuve se resserre, dès qu'on a dépassé Belem : il s'épanouit au contraire à la hauteur de Lisbonne, passant soudain des dimensions d'un canal large d'un mille à peine à celles d'un bassin d'une capacité de onze mille hectares.

Quant aux défenses militaires, elles étaient formidables ou méprisables, suivant les dépositions auxquelles on prêtait l'oreille. Les uns évaluaient à trois cents bouches à feu l'armement des forts et des batteries échelonnés sur la rive droite; ils pensaient que la rive gauche, où s'élevait la vieille tour, — Torre-Velha, — ne devait pas être moins bien pourvue d'ouvrages et d'artillerie. « Le général Junot, disaient-ils, pendant l'occupation française, s'était hâté de multiplier, avec le concours de ses officiers du génie, d'artillerie, de marine, les moyens de défense, déjà très-grands, du Tage.

Mouillée devant Lisbonne, l'escadre serait dominée de tous côtés, et elle aurait une armée de douze mille hommes au moins en présence. Cette armée n'était pas à dédaigner : elle avait été organisée, exercée, depuis 1806, par des officiers anglais; elle avait fait avec distinction toutes les campagnes de la Péninsule sous le duc de Wellington. »

A en croire d'autres témoignages, cet appareil, si redoutable en apparence, n'était que pur mirage. « Il serait déplacé, écrivait un colonel portugais réfugié en France, de parler de Cascaës, ville de guerre à cinq lieues de Lisbonne, située sur le revers méridional de la montagne de Rocca, ainsi que des petits forts et des redoutes placés le long du rivage, depuis le cap du même nom jusqu'à Saint-Julien. C'est à Saint-Julien seulement que commence la défense de Lisbonne. Si l'on considère l'emplacement et la mauvaise disposition de toutes les fortifications qui défendent les deux rives du Tage, leur élévation au-dessus de la mer, les défauts de leur tracé, la hauteur énorme des profils, la grandeur extraodinaire des embrasures, la mauvaise construction des affûts, la vétusté des canons, presque tous en fer, et surtout le peu de dévouement des soldats d'artillerie et du génie, privés de leurs meilleurs

officiers, je suis tenté de croire que les seules difficultés réelles pour forcer l'entrée du Tage pro-
viendront des bancs de sable et des rochers qui en
barrent l'ouverture. »

Entre ces deux opinions, probablement extrêmes
l'une et l'autre, l'amiral Roussin se sentait incliné
à donner sa confiance à celle qui flattait le plus son
courage. La crainte des batteries, quel qu'en pussent
être le nombre et la force, ne l'arrêterait pas; il ne
s'inquiétait que des obstacles naturels. En revanche,
il s'en inquiétait beaucoup, et certes, marin comme
il l'était, il en avait le droit. Le souvenir du combat
du Grand-Port demeurait profondément gravé dans
son esprit : il se promettait bien de ne pas renouveler la faute des Anglais.

« Je veux, écrivait-il *confidentiellement* au ministre, le 27 juin, réfléchir devant vous à l'affaire qui
m'amène ici. Elle est assez grave pour m'occuper
exclusivement, et je suis persuadé qu'elle ne vous
occupe pas moins. Je vous en parlerai donc sans
autre préambule que celui-ci : si je pouvais supposer que qui que ce soit pût attribuer à un motif
suspect l'examen que je vais faire des difficultés de
l'entreprise, je ne dirais pas un seul mot; mais,
chargé et responsable d'une opération où il s'agit

de l'honneur de la France, je dois compter pour
rien mes susceptibilités personnelles. Je commence
par répéter que je crois possible le forcement des
passes du Tage avec des vaisseaux. Il est impossible
de ne pas admettre qu'avec un vent fait de l'arrière,
secondé par un courant de flot bien établi et un
temps qui permette de voir devant soi, — car il ne
faut pas compter sur des pilotes, — une ligne de
vaisseaux puisse, à la condition d'en sacrifier peut-
être quelques-uns, franchir ces passes, malgré
les obstacles militaires et naturels qu'elles pré-
sentent.

« Ce fait posé, il faut voir quelles chances on a
de réunir les conditions nécessaires. La première,
celle des vents du nord-ouest au sud-sud-ouest, est
extrêmement rare dans les mois de juin, juillet et
août. Durant cette partie de l'année, il y a des
nuaisons entières de vents du nord-est au nord,
sans aucune variation. Il se pourra donc que, sous
ce rapport, l'escadre trouve un obstacle invincible,
au moins pour longtemps. Or, le long temps em-
ployé à croiser dans ces parages, avec une escadre
nombreuse, équivaut, à bien peu près, à une impossibilité complète, à cause des avaries inévitables.
La condition du vent de l'arrière est pourtant de

rigueur. D'après tous les renseignements que je reçois des hommes du pays, je trouve que, soit qu'on prenne la petite passe, soit qu'on prenne la grande, il arrive que tous les vents dans lesquels il entre du nord *nordissent* de plus en plus en avançant dans le goulet. Ils deviennent nord-est en dedans du fort Saint-Julien, et, par conséquent, *trop près* quand on vient par la petite passe, tout à fait debout quand on entre par la grande. Conclusion : il faut absolument des vents sous vergue, c'est-à-dire du nord-ouest au sud-ouest, car si les forts ne sont pas un obstacle absolu, ce n'est sans doute qu'autant qu'il ne faut pas faire évoluer des vaisseaux sous leurs feux croisés. Dans ce cas, on ne pourrait compter sur un virement de bord. Si le vent manque ou hale de l'avant sous le fort Saint-Julien, le salut du vaisseau est sans espoir, mouillât-il toutes ses ancres, à cause du fond de roche et du remous qui rapporte tout le flot des deux passes sur la pointe nord-est du Cachopo du nord. Si l'on n'avait qu'à sacrifier le premier vaisseau engagé dans cette situation, soit par démâtage, échouage ou saute de vent, on devrait y souscrire; mais ce vaisseau démâté, échoué ou mouillé, obstruerait en grande partie le passage fort étroit. Qu'un abordage ait lieu par le vaisseau suivant, tout le reste est arrêté, et, en définitive, on ne passe point.

« Ce raisonnement sur la petite passe s'applique encore mieux à la grande, qui serait sous le vent. Une semblable perspective donne à réfléchir. Quant aux obstacles qui succèdent au fort Saint-Julien, on s'accorde à les signaler comme très-inférieurs aux premiers. Les forts intérieurs sont plus ou moins vicieux, mal placés, négligés, en y comprenant même ceux de Belem. Saint-Julien et Bugio sont la clef du Tage et de Lisbonne. Jusqu'ici, personne ne l'a encore forcée; ce qui indique au moins qu'elle ne manque pas de sûreté. Il y a donc ici, mon général, chance de perdre une escadre. Je dis *perdre,* car, s'il ne s'agissait que de coups de canon à centaines, nous n'en parlerions pas : nous passerions assurément. Mais si nous ne passons pas! J'y réfléchirai encore beaucoup. Tout ce que je puis vous affirmer aujourd'hui, c'est qu'aucun des grands intérêts que vous m'avez confiés ne souffrira. » Voilà quelles étaient les préoccupations des Ruyter, des Nelson, des Roussin. La vapeur est venue affranchir nos amiraux de ces entraves. Il en reste d'autres. Si l'on n'a forcé, ni en 1870 ni en 1871, l'entrée de la Jahde, il y avait probablement

pour cela de bonnes raisons. L'opinion publique
s'étonne peut-être encore d'une inaction dont elle
apprécie mal les motifs. Quand les amiraux réflé-
chissent, l'opinion publique ferait bien, à son tour,
de réfléchir un peu. Malheureusement, ce n'est
guère, dans notre pays surtout, son habitude.

Nous possédons un établissement où les ministres
devraient pouvoir aller puiser des renseignements
certains pour toutes les campagnes et pour toutes
les entreprises. Cet établissement se nommait autrefois le dépôt général des cartes et plans de la
marine. Il a pris, je ne sais trop pourquoi, le nom
de « direction du service hydrographique ». A-t-on
voulu restreindre ses attributions? Ce serait un tort,
suivant moi. Je proposais, en 1871, d'y faire dé-
pouiller, analyser tous les journaux de bord, non
pas seulement au point de vue météorologique,
comme on parut malheureusement le comprendre,
mais dans un dessein bien autrement large. J'aurais
voulu que toute expédition projetée trouvât au sein
de ce dépôt, dont j'étais alors le directeur, des
documents qu'on a toujours quelque peine à se procurer quand le temps presse : si nos vaisseaux devaient jamais être appelés à opérer de nouveau dans
la Baltique ou dans la mer du Nord, qu'on ouvre

les armoires où j'ai fait renfermer le travail de con-
densation dont M. le capitaine de frégate de la Tour
du Pin consentit à se charger sur mon invitation :
il en sortira, je l'affirme, des renseignements du
plus haut prix.

On ne saurait conjecturer à l'avance sur quel
point les courants variables de la politique pourront un jour ou l'autre appeler l'intervention de nos
escadres. Il est donc d'un sérieux intérêt de mettre
en réserve, pour les divers parages du globe, un
aperçu général des obstacles matériels que rencon-
trerait telle mission invraisemblable à l'heure où
les regards sont tournés vers de tout autres points
de l'horizon. Cette précaution eût probablement
prévenu des illusions dont les conséquences devaient
être funestes, à l'époque où fut résolu l'envoi d'un
corps expéditionnaire au Mexique. Quoi de plus
sincère qu'un journal de bord? Sébastien Cabot pres-
sentit le premier le parti qu'on pourrait tirer de
ces impressions notées au jour le jour. Tous les
journaux de bord ne sont pas tenus avec le soin que
l'amiral Roussin apportait à l'enregistrement du
moindre événement de mer. A qui la faute, si ce
n'est à nous, qui laissons ces précieux papiers s'en-
tasser dans les majorités des ports, sans que per-

sonne ait la faculté ou le désir d'y jeter les yeux? Je voudrais qu'au retour de chaque campagne, les journaux de la timonerie et ceux des officiers fussent expédiés à Paris, qu'une sérieuse analyse en fût faite, qu'un rapport fût, à ce sujet, adressé au ministre, provoquant immédiatement l'éloge ou le blâme. Vous verriez bientôt quelle masse d'indications, portant sur tous les sujets, sur tous les détails, viendrait insensiblement remplir vos cartons.

Je suis bien convaincu, — permettez-moi d'en faire ici la remarque, — que nos ports, que nos rades, constamment visités par les étrangers, ne l'ont pas été sans fruit. L'amiral Roussin regrettait de n'avoir pas vu Lisbonne. D'autres yeux que les siens auraient dû avoir vu pour lui : ses anxiétés en eussent sans doute été de beaucoup diminuées. « Nous avons, me dira-t-on, les rapports des capitaines. » Je n'ai pas confiance dans les rapports. Il y a là trop de style. Si ces rapports sont succincts, ils ne disent pas assez; s'ils sont longs, on ne les lit pas. Je ne veux avoir foi que dans les journaux de bord. Les journaux de la timonerie et ceux des officiers constatent ce qui s'est passé de quatre heures en quatre heures. C'est de la photographie maritime.

Les hostilités, cependant, étaient ouvertes. Le capitaine de Rabaudy n'avait pas seul fait acte de guerre, en arrêtant les bâtiments de commerce portugais; l'amiral Roussin, quelques jours après son arrivée, canonnait une forteresse. C'est ainsi qu'il entendait « assurer son pavillon ». Je laisserai ici parler son propre journal, ce *memento* où il consignait chaque soir ses actes et ses impressions :

« Le jeudi 30 juin, écrit-il, vu la terre de Portugal, à trois lieues, — cap la Roque; — approché jusqu'à trois milles, — mis en panne, à cause d'une brume épaisse qui borne la vue. — Les corvettes reçoivent l'ordre d'aller chercher des pilotes parmi les pêcheurs. — A neuf heures, on aperçoit un trois-mâts devant nous, tout à fait à terre. — Il est portugais. — Le *Hussard* est de l'avant; il le canonne, mais de trop loin. — Le trois-mâts serre la côte, de manière à toucher légèrement sur la pointe du cap Razo. — Il gagne la terre néanmoins, et se dirige sur le fort Sainte-Marthe et sur la citadelle de Cascaës. Il va mouiller sous cette forteresse. Le *Hussard* prend le large. — Le *Suffren* prolonge sa route sur le navire étranger. Parvenu devant le fort, il se trouve un peu trop sous le vent pour le combattre et atteindre le bâtiment portugais mouillé. Je reprends tribord amures, — vent du nord et nord-nord-ouest. — Quand je suis assez au vent, je revire et viens combattre le fort à demi-portée, le navire à cent cinquante toises. — Le fort tire sur nous. Les boulets nous dépassent de trois cents toises. — Le fort fait usage de peu de ses pièces, faute de monde, sans doute, car il a beaucoup de canons. Nos boulets lui arrivent en grand nombre. — Le Portugais amène. — Un canot et deux officiers vont à son bord et s'en emparent. — Nous continuons, le fort et nous, à nous canonner. Quand nous l'avons dépassé, la *Melpomène* nous imite et combat à son tour. Nous revirons pour nous élever de nouveau au vent et serrer encore une fois le fort à la même distance. — Le bâtiment portugais file sa chaîne, appareille et nous rallie. — Après avoir reviré une troisième fois sur le fort, nous le laissons et prenons le large avec notre prise. C'est le *Wellington*, de quatre cent cinquante tonneaux, venant de Bahia, chargé de sucre, coton, cuirs, etc., parti le 16 avril 1831. Je lui donne un équipage et l'expédie pour Brest. — Fait signal de satisfaction à la *Melpomène*. — Beaucoup de nos boulets ont touché le fort. Les boulets du fort nous ont tous beaucoup dépassés, un seul nous a touchés sans accident. —

Le fort m'a paru manquer de monde, mais il a au moins cent pièces. C'est le fort Santa-Martha et le fort San-Antonio da Guia. C'est une citadelle à plusieurs rangs de batteries. »

De vaisseau à forteresse, il se passe souvent des choses étonnantes. Voici ce que j'ai vu devant Sébastopol, au mois d'octobre 1854. Un brick de commerce autrichien, chargé de foin pour le compte des Anglais, part un matin du mouillage de la Katcha pour se rendre à Balaklava. Le vent était court, la brise faible : le courant rapproche peu à peu le navire de la côte. Le capitaine veut prendre la bordée du large; il manque deux fois de suite à virer. Les forts de Sébastopol ouvrent le feu. Capitaine et équipage s'embarquent dans la chaloupe qui était à la traîne et abandonnent le brick à son sort. Plus de cent canons foudroient le navire déserté, le foudroient sans l'atteindre. Les Russes cependant tiraient bien. Le brick, impassible, les perroquets hauts, les basses voiles amurées, continue majestueusement sa route, sous les bordées de fer qui redoublent. Il va s'échouer doucement, la proue à terre, sur un lit d'algues et de sable, au fond d'une petite anse couverte par le monticule de la Quarantaine. La fortune a conduit cet aveugle par la main. Les Russes ne l'aperçoivent plus : ils le savent là, pourtant, et s'acharnent à faire pleuvoir leurs projectiles dans la baie, au jugé. Nous allâmes sur-le-champ le visiter. Trois obus seulement l'ont touché. L'un a troué le grand perroquet; le second a traversé la guibre; le troisième est venu mourir, sans éclater, auprès de la claire-voie du pont. Nous attendîmes la nuit pour alléger ce brick, si visiblement protégé par la Providence, et parvînmes sans grand'peine à le remettre à flot. La manœuvre fut habilement et intrépidement conduite par un des aides de camp de l'amiral, le lieutenant de vaisseau Giovanetti. Le brick, dès qu'il flotta, — on lui avait rendu son capitaine et ses matelots, — reprit tranquillement sa route vers Balaklava. Si le capitaine était resté à bord, il serait aujourd'hui rangé parmi les héros. Il est vrai que ce capitaine n'eût peut-être pas aussi bien gouverné que le hasard. L'entrée de l'anse était étroite, difficile à saisir : le meilleur timonier pouvait la manquer.

Le contre-amiral Roussin, en vertu du vœu formellement exprimé par le ministre, demeurait, tout placé qu'il fût à la tête d'une escadre, le préfet maritime titulaire du port de Brest. Le contre-amiral

Le Coupé, major général, le remplaçait pendant son absence. L'amiral Roussin adressa, le 1er juillet, à l'officier général qui le suppléait, la dépêche suivante : «Mon cher général, je vous envoie une assez belle prise que je viens de faire à la pointe de l'épée. Elle s'était réfugiée sous les forts, où nous sommes allés la chercher et la prendre. Nous avons échangé un certain nombre de coups de canon qui ont ruiné pas mal de pièces. Les Portugais ont été moins adroits. L'escadre de Toulon a été aperçue au cap Saint-Vincent, il y a cinq ou six jours, mais le vent de nord-est, forcé comme à l'ordinaire, s'oppose au ralliement aussi bien qu'à d'autres opérations. »

CHAPITRE XVII.

LES ANXIÉTÉS DU COMMANDEMENT. — RIEN NE CHANGE !

Partie de Toulon le 8 juin, cette division, attendue avec impatience le 1er juillet, était plus qu'un renfort ; elle constituait, à elle seule, toute la solidité de la force navale mise à la disposition de l'amiral Roussin. Rien n'eût été possible sans son concours. Les vaisseaux de ligne qui la composaient provenaient de l'ancienne escadre du Levant. Ce n'étaient donc pas des vaisseaux novices, mais des vaisseaux lentement exercés, formés à la meilleure des écoles. L'amiral de Rigny se réservait, quand viendrait la discussion du budget, de le faire remarquer à la Chambre. Ce fut son grand argument, lorsqu'il lui fallut emporter d'assaut le maintien en principe d'une escadre d'évolutions permanente. Importante conquête dont nous sommes redevables à la sagacité d'un ministre hors ligne et au succès presque invraisemblable de l'expédition du Tage !

Ce qui rehaussait encore la valeur de ce puissant secours, c'est qu'il était amené par un officier général réputé à bon droit un de nos meilleurs hommes de mer et de guerre, par l'ancien commandant de la frégate *l'Armide,* de cette frégate que les Anglais saluaient, à Navarin, de leurs acclamations, par le contre-amiral baron Hugon [1]. Né à Granville, inépuisable pépinière de marins, le 31 janvier 1783, Gaud-Amable Hugon touchait alors à la cinquantaine. Il conservait encore toute sa verdeur. Sous des dehors un peu rudes, ce vétéran des campagnes de l'Inde cachait un grand fonds d'instruction et une bonhomie souriante, indice de la plus sérieuse bonté. Il appartenait cependant à la vieille école. Les aspirants ne l'auraient jamais trouvé familier. Quand ils l'accompagnaient à terre dans son canot, ils devaient se tenir respectueusement à l'extrémité de la chambre de l'embarcation, sans capote cirée, quel que fût le temps ; assis les bras croisés, réservés et silencieux, sur le bout du banc. L'amiral daignait-il leur adresser la parole, c'était pour leur demander « l'âge de la lune ». Il

---

[1] Voyez, dans l'ouvrage intitulé : *La station du Levant,* E. Plon, Nourrit et Cie, éditeurs, t. II, p. 192, — *la frégate* L'ARMIDE *à la bataille de Navarin.*

fallait répondre à l'instant et ne pas perdre de temps à consulter sa mémoire. Un aspirant qui n'eût point connu, à un jour quelconque, l'âge de la lune, courait le risque d'être mal noté. L'amiral Hugon me rappelle encore aujourd'hui le général Pélissier dans les moments où l'épais sourcil noir de ce chef honnête et rigide ne se fronçait pas. C'était la même inflexibilité apparente, le même amour de la discipline, la même équité scrupuleuse dans l'appréciation des services. Les bons officiers, les vaillants matelots rencontraient dans l'amiral Hugon un sérieux protecteur, un patron peu verbeux, peu démonstratif, profondément pénétré néanmoins des devoirs qu'il lui semblait avoir contractés envers les braves gens qui s'étaient, comme lui, donnés tout entiers à la dure profession dont il avait fait le culte et l'honneur de sa propre vie. Le doux besoin de plaire fut la force et le charme de l'amiral Lalande : l'amiral Hugon ne demandait que de l'obéissance.

A l'âge de douze ans, en 1795, il s'était engagé sur un bâtiment de l'État. Il y servit d'abord en qualité de mousse, puis de novice, acquit à la dérobée, je ne sais trop dans quelle école d'hydrographie, les connaissances nécessaires pour devenir

aspirant le 28 novembre 1798; fut nommé enseigne de vaisseau le 5 juillet 1805, lieutenant le
23 juin 1810, capitaine de frégate le 1er septembre
1819, capitaine de vaisseau et gouverneur de l'île
de Gorée le 23 mai 1825. Rien n'annonçait encore,
à cette époque, qu'il deviendrait un jour vice-amiral, commandant d'escadre, sénateur, grand'croix
de la Légion d'honneur. Dans un temps où les fils
de famille commençaient à briguer, — et non pas
sans éclat, — l'héritage des Guichen, des de
Grasse, des Suffren, le capitaine Hugon restait jusqu'à un certain point le modeste fils de ses œuvres,
le type, si j'osais m'exprimer ainsi, de l'officier de
fortune; disons mieux, de l'officier dépourvu de
toute protection. Les Anglais auraient dit effronté-
ment qu'il lui manquait la chose sans laquelle il
n'était guère, — il y a vingt ou trente ans du moins,
— d'avancement possible dans leur marine : l'*inte-
rest*. Le commandement de l'*Armide* le mit soudain
en lumière. Il sortit de la journée de Navarin, non
pas seulement honoré, mais illustre. Il en sortit
sacré par les cris d'admiration de trois escadres.
Dans l'expédition d'Alger, on lui confia la partie la
plus difficile, le soin de conduire en Afrique une
flottille de cinq cents bâtiments de transport. Le

1ᵉʳ mars 1831, il était nommé contre-amiral et prenait à Toulon le commandement de l'escadre destinée à rallier, devant Lisbonne, l'amiral Roussin, — son ancien, mais son égal de grade. Il eût pu ambitionner le premier rang ; il se montra satisfait du second, appréciant, avec toute la droiture de son âme, les éminentes qualités qui avaient dicté le choix du gouvernement.

En même temps que ce lieutenant dévoué, irréprochable, arrivaient à l'amiral Roussin des capitaines comme en eût souhaité Nelson : Maillard de Liscourt, digne à tous égards de l'honneur qui devait lui échoir de prendre la tête de l'escadre pour la conduire dans les passes du Tage ; Moulac, le commandant du *Ceylan* au Grand-Port, Moulac, dont le nom seul faisait tressaillir d'enthousiasme les vieux matelots. — Quand il mourut dans les mers du Sud, un quartier-maître se suicida, dit-on, pour ne pas lui survivre. — De La Susse, l'organisateur sans rival, le véritable fondateur du bon ordre à bord de nos bâtiments ; Leblanc, le commandant à la puissante carrure, à la voix de tonnerre, fait pour dominer les éléments ; Casy, en qui l'amiral Lalande se plaisait à voir une sorte de Souvarov provençal. — « Les Anglais, disait-il, feraient bien de prendre garde à Casy. Cet homme-là, si on le laissait approcher, vous enlèverait un vaisseau du premier bond. Les Provençaux entre ses mains deviennent des lions. Avec ses harangues, ses drapeaux, ses fanfares, ses tambours-majors, il a l'art de leur inculquer le fanatisme militaire. » Casy était le capitaine de pavillon de l'amiral Hugon. Je ne parle pas de Trotel, le commandant du *Suffren* : l'amiral Roussin l'avait choisi ; tous les officiers du port de Brest le lui auraient désigné.

Que de gages de victoire ! Le vent seul pourrait les rendre stériles. L'amiral Roussin avait renoncé à se plaindre. L'aurait-on compris à Paris? Son journal seul recevra désormais la confidence de ses secrètes angoisses. « 1er et 2 juillet. — Temps brumeux, grande brise, fraîchissant de plus en plus du nord au nord-nord-est. — Je donne le commandement de la prise à l'élève de première classe Lefèvre. Il a l'élève de deuxième classe Gervaise pour second. — La brise devient furieuse. — Temps clair au haut du ciel, très-brumeux à l'horizon. — Temps forcé. — Obligé de carguer la misaine et de mettre le perroquet de fougue sur le mât pour attendre les corvettes, qui font des signaux de conserve. — Malgré les deux ris pris, on s'aperçoit au jour que le grand mât de hune est rompu sous la noix. Il faut le changer. — Le vent est tel que je ne vois pas ce qu'il sera possible de faire d'une escadre dans de semblables circonstances.

« Du 2 au 3 juillet. — Beau temps. —Grand frais de nord-est. — Grosse mer. — A huit heures, le grand mât de hune est guindé. Le grand hunier est rétabli, ainsi que le grand mât de perroquet. — A dix heures, nous apercevons le cap la Roque au nord-est et le cap Spichel à l'est. — Prolongé la bordée de bâbord dans le golfe formé par ces deux caps. — Je ne suis pas fâché d'avoir cette occasion de l'étudier. Les côtes sont arides, pelées et sablonneuses, mais leur approche est saine. Le cap Spichel est élevé et abrupt au sud et à l'ouest. Il est plat au sommet. Un phare le surmonte et, un peu à l'est, à la même hauteur, est un édifice qu'on dit être le couvent de *Nossa Senhora da Cabo*.

« Du 3 au 4 juillet. — Beau temps. — Grande brise du nord-nord-est et nord. La brise mollit en approchant de terre; la mer s'adoucit. — Augmenté de voiles. — Prolongé bâbord amures pour pénétrer dans le golfe du Tage. La mer y est belle, les côtes sont saines. — A deux heures et demie, viré vent devant. — On trouve vingt-huit brasses, en virant à quatre milles de terre. — Sur l'autre bord, le vent fraîchit de nouveau ; la mer redevient grosse. — La brise est toujours forte, l'horizon moins fumeux. La terre, moins couverte, me donne l'espoir que le temps s'améliore. — Repris les ris pour ménager les mâts de hune qui me paraissent de mauvaise qualité. — Au jour, la division ralliée. — A six heures, le cap la Roque est à trois lieues est-nord-est. — A huit heures, la brise est un peu moins violente. — Largué un ris. — Je m'approche de terre. — Une fois sur le méridien du phare de Guia, je mets en panne au milieu des bateaux de pêche et je leur remets tous ceux de nos prisonniers portugais qui ne sont pas marins, avec leurs effets. Il y en a vingt-neuf. Ils conviennent tous qu'ils ont été traités avec égard et humanité.

« Quand cette opération est terminée, je prends le large et je rejoins la *Melpomène*, qui continuait, avec les bricks, de croiser au vent. — Vent toujours très-frais du nord-nord-ouest au nord-est. — Le flot nous entrait rapidement dans le Tage.

« Du 4 au 5 juillet. — Beau temps, brumeux. — Vent de nord-est fraîchissant de plus en plus. — Je crains de ne pouvoir tenir ici sans avaries majeures. Je crois également impossible que l'escadre, tant que ce vent durera, puisse me rallier. Cette perspective est désespérante. — *Rien ne change depuis vingt-cinq jours*. Une brume épaisse et humide couvre l'horizon. A dix degrés de hauteur, on voit à peine la terre, dont nous sommes à quatre milles, et le vent est grand frais. J'ai ordonné de remplir les caisses en fer d'eau de mer : le vaisseau donne beaucoup de bande.

« Du 5 au 6 juillet. — Beau temps, belle brise, un peu moins forte qu'à l'ordinaire. Au jour, plusieurs bateaux à vue sont visités. A cinq heures, on aperçoit le cap la Roque sept milles à l'est. »

CHAPITRE XVIII.

Que de réflexions, dans le cours de cette laborieuse croisière, durent agiter l'esprit de l'illustre amiral! Sommes-nous bien sûrs qu'il ne se dit pas souvent, comme Agamemnon :

> Heureux qui, satisfait de son humble fortune,
> Vit dans l'état obscur où les dieux l'ont caché?

La mission sur laquelle il bâtissait en secret tant d'espérances menace de tourner mal. Il aura bataillé des mois entiers avec la mer, et reviendra peut-être au port, humilié, plein de confusion, ramenant des vaisseaux harassés, sans avoir obtenu du gouvernement portugais la moindre satisfaction. « *Rien ne change depuis vingt-cinq jours* », écrit-il. Rien ne change, et l'eau se consomme. S'il fallait lever le blocus! On croit facilement que ce qui vous intéresse intéressera les autres. Pour moi, ces notes intimes, que l'amiral consigne chaque soir sur son journal, me mettent, mieux que tous les rapports du monde, en communion avec ses pensées. Je le vois dans sa chambre, soucieux, assombri, dépouillant cette sérénité de commande qui est un des devoirs les plus impérieux du chef. Rien ne change! Nous n'entrerons pas à Lisbonne. Il a dicté ses ordres pour la nuit. Il se jette, souvent tout habillé, sur sa couchette. Ce n'est pas, malgré les fatigues de la journée, le repos qu'il y trouve. Rien ne change! La phrase revient incessamment dans ses rêves. Il faut que la gloire soit chose bien tentante pour qu'on la poursuive à travers tant d'épreuves. Rien ne change!

Je rouvre le journal de bord, dont je n'ai pas voulu jusqu'ici retrancher une seule ligne : je le rouvre, m'attendant à y trouver le même accent désespéré. L'impression, cette fois, est moins triste. « 6 juillet, sept heures et demie. — La frégate *la Didon* se fait reconnaître, écrit l'amiral Roussin. — J'appelle le capitaine de Châteauville à bord. Il a quitté l'escadre hier à quelques lieues à l'ouest-sud-ouest. »

Le capitaine de Châteauville! Voilà, certes, une excellente recrue! L'âme d'un preux sous l'uniforme de capitaine de vaisseau. Toutes les aventures que les mers de l'Inde pouvaient réserver aux officiers qui servirent dans ces lointains parages sous l'Empire, Châteauville les avait traversées. C'était lui qui commandait le vaisseau-école *l'Orion,* quand je faisais, de 1828 à 1829, mon noviciat d'élève. Les vieux matelots nous contaient les histoires les plus merveilleuses sur notre brave commandant. « Il avait été, dans sa jeunesse, disaient-ils, amiral de l'imam de Mascate, compagnon de Surcouf à bord du corsaire *la Confiance,* puis maître coq à bord d'un navire de commerce américain. » Nous le contemplions avec un respectueux étonnement. Tous ses traits, toute son attitude, respiraient la noblesse. Cet officier de l'Empire descendait en droite ligne de la marine de Louis XVI. Rien n'avait pu altérer sa vieille foi de chrétien et de chevalier. Sous ses ordres, la *Didon* valait un vaisseau de ligne[1]. On en pourra bientôt dire autant de la frégate *la Pallas,* qu'amène de Toulon le contre-amiral Hugon. La *Pallas* est commandée par M. de Forsans, — un autre Châteauville.

Le 7 juillet, à midi, l'escadre de Toulon paraît

[1] Voyez à l'*Appendice* la notice relative au capitaine de vaisseau Buchet de Châteauville.

dans l'ouest, rangée sur deux colonnes. L'amiral Roussin saisit sa longue-vue. — Huit bâtiments! Ils y sont bien tous. Voici, outre le *Trident*, le *Marengo*, l'*Alger*, la *Ville de Marseille*, l'*Algésiras*, une frégate de soixante canons, *la Pallas;* une corvette à gaillards, *la Perle,* et un brick, *le Dragon.* « Beau temps, toujours fumeux, écrit l'amiral. — Fraîche brise de nord-est. Les terres chargées de nuages blancs. — Assez belle mer. — J'appelle à poupe le *Trident* et le *Marengo*. — Je signale à l'escadre de s'élever au vent, à petits bords. — Je suis salué. — Je rends le salut de sept coups de canon. — Le contre-amiral Hugon vient à bord. Je conviens avec lui que nous irons mouiller à un mille de la pointe de Cascaës, pour conférer ensemble sur la mission. — Je dis au capitaine du *Marengo,* qui vient aussi à bord, qu'il prendra le commandement de l'escadre pour l'entretenir à petits bords au vent. — Tout cela expédié, je fais route pour le mouillage avec le *Suffren,* le *Trident,* la *Melpomène,* l'*Églé* et l'*Endymion.* L'escadre louvoie. — A cinq heures, je mouille à un mille de Cascaës, la citadelle me restant au nord demi-ouest du compas. Il y fait calme plat, tandis qu'en arrivant nous ne pouvions qu'à peine porter les huniers à deux ris. — Mes conserves mouillent près de moi, par vingt brasses, fond de sable. — Dans la nuit, assez beau temps. Calme. — Au matin, vent de nord-nord-ouest, qui fraîchit à mesure que le soleil monte sur l'horizon. — A neuf heures, l'escadre est à vue. — Je l'appelle au mouillage et la fais mouiller près de moi. Mon intention est de la faire voir en entier à Lisbonne, qu'on aperçoit assez clairement à trois lieues dans l'est-nord-est. Les capitaines viennent à bord, où je les appelle, afin de conférer avec eux sur les opérations futures. »

Le mouillage de Cascaës est une véritable trouvaille. Il va singulièrement simplifier la tâche de l'escadre. Grande brise au large, calme à terre : cela se rencontre souvent. Seulement, il faut le savoir. Voilà ce qu'on gagne à pouvoir se dire : *J'ai vu.* Et nous continuons à ne rien voir, à tourner imperturbablement chaque année dans le même cercle ! Heureusement, nous avons la consolante assurance de vivre, jusqu'à la fin des siècles, en paix avec tout le monde : il n'y a donc nulle urgence de modifier sur ce point nos allures. On ne dira pas d'ailleurs que l'amiral Roussin ait pris le gouvernement de don Miguel en traître. Il lui a fait constater l'habileté de ses canonniers ; il lui donne maintenant toute facilité pour apprécier la force de ses vaisseaux : si les Portugais négligent de se mettre en défense, la faute n'en sera vraiment pas à notre plénipotentiaire.

Je ne connais rien d'imposant comme l'aspect de la chambre de conseil à bord d'un vaisseau-amiral, quand des capitaines, la plupart blanchis sous le harnais, y apportent un avis appuyé de soixante-quatorze, de quatre-vingts, de quatre-vingt-dix canons. J'ai eu ce spectacle une fois dans ma vie. Je ralliais l'amiral Lalande au mouillage d'Ourlac. Sur un signe de l'ambassade de Constantinople, l'amiral forçait l'entrée des Dardanelles. Il n'eût pas fallu le lui dire deux fois. En pénétrant dans la chambre de conseil où s'étaient rassemblés tous les commandants de l'escadre, il me sembla voir Nelson et ses capitaines devant Copenhague. Un vaisseau de ligne, et plus encore un vaisseau cuirassé, c'est bien autre chose, avouez-le, qu'un régiment. Et, d'abord, c'est une partie infiniment plus considérable de la fortune publique. Vous possédez, je suppose, vingt navires cuirassés : quelle importance attribuez-vous à l'officier qui commande une de ces puissantes unités? Le grade de colonel me paraît ici inférieur à la gravité de la fonction. En tout cas, je voudrais que deux navires de haut bord accouplés, — deux matelots de combat, comme je les appelai jadis, — fussent toujours placés sous les ordres d'un contre-amiral.

« J'expose aux capitaines, écrit l'amiral Roussin, l'objet de la mission. Ils sont tous d'avis, ainsi que les pilotes, que l'escadre ne peut entrer dans le Tage qu'avec un vent sous vergue, c'est-à-dire du nord-ouest au sud-sud-est par l'ouest. Je leur remets des instructions sur l'entrée, sur les préparatifs du passage et du combat, un ordre du jour aux équipages, un tableau de l'ordre de marche et de l'ordre de bataille. »

Le journal de bord, on le voit, devient bref. Pas une phrase inutile : le temps presse. C'est pour son ami, le baron Tupinier, que l'amiral Roussin garde ses effusions : « Mon cher ami, lui écrit-il le 8 juillet, me voici en face du dénouement; mais je commence à craindre qu'il ne tourne mal. Les vents sont cloués du nord-est au nord. Il faut absolument vent arrière ou vent largue pour faire entrer ici une escadre, sous peine de la jeter à la côte. Je ne connaissais point Lisbonne. Je n'ai pas eu le temps de discuter l'affaire et de présenter des objections. La brièveté des instructions que j'ai reçues et la couleur pressante qu'elles avaient m'ont porté à penser qu'il n'y avait qu'à se baisser et courir. Mais voici bien d'autres affaires! Nous sommes en pleine saison de vents de nord-est. Ils durent depuis deux mois, sans autre interruption que des calmes, et cela ira ainsi, assurent les pilotes, jusqu'à la fin d'août. Ajoutez que l'escadre, n'ayant plus que quarante-cinq jours d'eau, ne peut guère rester ici plus de vingt-cinq jours. Et si, durant ce temps, les vents d'ouest ne viennent pas! On n'avait donc nuls renseignements sur Lisbonne! Nuls renseignements, si ce n'est les *on dit* des jeunes bavards qui font claquer leur fouet quand il n'y a rien à faire, et qui baissent le ton quand ils sont là, — comme je le vois ici. Nous sommes aujourd'hui sous la dépendance absolue du vent. La force de Lisbonne est autant dans la nature des localités, des bancs, des vents et des courants que dans les forteresses. Les Portugais les regardent comme *inexpugnables*, par la raison qu'elles n'ont jamais été forcées. Il n'y a que le vent arrière qui puisse réduire aux obstacles militaires les difficultés. Adieu, mon ami. Je commence à avoir de bien cruelles inquiétudes. La saison a mille chances pour une contre nous, quoiqu'il ne faille que quelques heures de vent d'ouest pour entrer. Je ne suis qu'à deux lieues des forts. Je vous embrasse. »

Que faire au mouillage de Cascaës, pendant que le ciel, vainement imploré, reste sourd? Prendre les dernières dispositions de combat? Tous ces préparatifs serviront-ils jamais? L'amiral se décide à envoyer à Lisbonne un parlementaire. Ne verrons-nous là qu'un moyen détourné de tromper la fiévreuse impatience qui grandit chaque jour? Il est pourtant loyal, avant d'en arriver aux dures extrémités d'une entrée de vive force, d'offrir encore une fois au gouvernement portugais l'occasion d'éviter les calamités qui le menacent. La loyauté est l'essence même du caractère de l'amiral Roussin. Tous ceux qui l'ont connu lui rendront cette justice. L'amiral Roussin expédie donc à Lisbonne le brick *le Dragon*, commandé par le capitaine de frégate Deloffre. Un de ses adjudants, le lieutenant de vaisseau de Cayeux, prendra passage sur le *Dragon*, et ira remettre au vicomte de Santarem, ministre des affaires étrangères de don Miguel, deux plis cachetés : un de ces plis renferme l'ultimatum officiel; l'autre contient une lettre confidentielle.

L'ultimatum s'exprime ainsi : « Monsieur le vicomte, les réclamations réitérées de M. le consul de France et la note remise le 16 mai à Votre Excellence, par M. le capitaine de vaisseau de Rabaudy, ont dû lui expliquer suffisamment les motifs qui m'amènent devant Lisbonne. Je viens y maintenir les demandes consignées dans cette note. Si Votre Excellence me fait immédiatement connaître qu'Elle est disposée à traiter sur ces bases, le présent débat peut se terminer sur-le-champ. Dans le cas contraire, la guerre se trouvant déclarée de fait entre la France et le Portugal, toutes les conséquences qu'elle entraîne peuvent être prévues : elles ne se feront pas attendre. Je prie Votre Excellence de ne pas différer sa réponse de plus de vingt-quatre heures. »

Le style ne peint-il pas l'homme; et me blâmera-t-on si je me permets de l'appeler un style *nelsonien?* N'est-ce pas Nelson encore qui, devant Copenhague, eût pu, sans manquer à sa gloire, signer la lettre suivante : « Monsieur le vicomte, mon parlementaire porte à votre gouvernement les demandes officielles du mien. En remplissant ce devoir, je ne crois pas qu'il doive m'empêcher de tenter un moyen d'en tempérer la rigueur. Cette lettre confidentielle a pour objet de vous engager, de vous prier même, de préférer, dans l'alternative

que je vous ai présentée, le rétablissement encore
possible de la paix à la continuation certaine d'une
guerre imminente. Établi devant le Tage avec une
escadre française, j'entrerai dans ce fleuve. Vous
en doutez peut-être, monsieur le vicomte, mais
Votre Excellence ne saurait nier que le succès de
cette tentative ne soit au moins possible. Je le prou-
verai. Il s'agit donc de savoir si la ville de Lisbonne,
si la capitale de votre pays, restera exposée au
danger qui la menace. J'ai cru que la démarche
que je fais ici, en vous offrant le moyen de l'en
garantir, dût-elle échouer, nous honorerait tous
deux, car la confiance qu'elle suppose ne marche
qu'avec l'estime. »

Tels sont les procédés habituels de nos marins.
L'amiral Baudin n'en connut point d'autres. Un
beau langage, quand il n'est pas soutenu, au
besoin, par des actes, n'a cependant pas plus d'importance qu'une composition d'écolier ou une dis-
sertation de rhéteur. L'amiral Roussin confie une
fois de plus à sa *table de loch* les pensées intérieures
qui l'agitent : « J'ai fait, écrit-il, le recensement
de l'eau des bâtiments. Il faut que nous soyons
entrés avant vingt ou vingt-cinq jours. Cette position est bien critique. Je suis décidé à ne point

tenir compte des obstacles matériels de guerre, mais le vent de l'arrière est *indispensable*. On ne peut compter sur des virements de bord sous le feu des batteries. Il n'y a nul doute qu'il faille essayer d'entrer. Nous essayerons, certainement, *mais avec du vent*. »

Le parlementaire est parti à dix heures du matin. L'amiral Roussin arpente sa dunette à grands pas : la longue-vue à la main, il suit attentivement et avec anxiété la marche du *Dragon*. Le brick se dirige vers la passe du sud. Au même moment, une galiote hollandaise entrait, par la passe du nord, dans le Tage. « Elle a ses bonnettes, remarque l'amiral. Elle les garde jusque sous le fort Saint-Julien, c'est-à-dire tant qu'elle court à l'est. Le vent n'a donc pas dévié du nord-nord-ouest, comme il est ici. Mais il est très-faible. Le navire a bonnettes et cacatois. Sa vitesse ne serait pas suffisante pour une escadre qui entrerait de vive force. Parvenu par le travers du fort Bugio, le *Dragon* met en panne. Il dérive en dedans avec le courant et passe à l'est du fort Saint-Julien. Quand il est passé, il prend tribord amures et revient sur ce fort. Une demi-heure après, il paraît faire route pour Belem. »

L'amiral ne vous a-t-il pas fait, depuis le jour où

il est monté sur le *Suffren,* partager ses émotions ?
Sans être bachelier, il sait peindre ce qu'il voit,
rendre ce qu'il éprouve. Sa résolution est arrêtée ;
sa confiance hésite encore. Et pourtant on sent
instinctivement qu'il passera. Il a si bien étudié le
terrain, si minutieusement pesé toutes les chances !
La fortune serait vraiment habile, si elle réussissait
à le prendre en défaut. Déjà le *Marengo,* l'*Algésiras,* l'*Alger,* la *Pallas,* viennent d'appareiller.
Ces bâtiments ont ordre de croiser à petits bords
devant le mouillage de Cascaës et d'y paraître tous
les matins, pour peu que le vent semble de nature
à favoriser l'entrée. « Nous serons ainsi plus tôt
prêts, écrit l'amiral. Un appareillage en masse de-
manderait trop de temps, vu la longueur des touées
et les mauvaises qualités des cabestans. » Nous
avons affaire, remarquez-le bien, à un homme qui
sait son métier. Aucun détail ne lui échappe.

Le 10 juillet, à quatre heures vingt minutes du
soir, le *Dragon* rapporte la réponse du vicomte de
Santarem. L'amiral Roussin inscrit sur son fidèle
registre, sur ce registre confident de ses plus secrètes pensées, l'impression qu'il en ressent : « Le
gouvernement portugais, écrit-il, refuse les satis-
factions demandées par la France. Il offre de traiter

à Londres. C'est refuser. J'entrerai dans le Tage à la première occasion favorable. Je prends mes dernières dispositions. » Tout le gréement, en effet, est déjà bossé pour le combat. Les renseignements recueillis par le commandant du *Dragon* sur sa route ont plutôt affermi qu'ébranlé la résolution de l'amiral : « Le fort de Saint-Julien est armé de 62 canons : 35 battent au sud, 20 au sud-ouest, 7 à l'est. Le calibre paraît être du 24. Bugio a haut et bas, 12 pièces battant à l'ouest, au nord et au nord-est. Viennent ensuite : le fort Feitoria, 5 canons à embrasures; Paço d'Arcos, 2 canons; Sant-Amaro, 2 canons, le fort das Maias, 8 canons à embrasures. Il y a sur rade, vis-à-vis la Corderie, trois frégates de 48, deux corvettes et un brick. Le vaisseau *le Jean VI* et une troisième corvette sont mouillés un peu plus haut que l'*Alcantara*. La brise, nord-ouest et nord-nord-ouest, a toujours diminué, au fur et à mesure que le brick entrait dans le fleuve. Aussitôt Saint-Julien doublé, calme. Trois minutes après, une brise d'est-nord-est s'élève. Elle souffle fraîche jusqu'au mouillage. Le courant y mène le brick en quarante-cinq minutes. On est resté dix minutes sous le feu du fort Saint-Julien, de l'ouest à l'est. »

M. de Cayeux ajoute : « Le conseil s'est rassemblé au palais de don Miguel. Un officier de marine est venu nous chercher. Nous avons été introduits auprès du ministre. Le commandant du *Dragon* a remis la lettre de l'amiral. Le vicomte de Santarem a paru très-ému ; il a reçu le message en tremblant. Une partie du ministère a été changée depuis huit jours ; mais le comte de Bast nous déteste et fait dominer son opinion contre nous. Quand nous avons mis pied à terre, le peuple est accouru de toutes parts. Il paraissait avide de connaître l'objet de notre envoi. La police prenait soin de ne laisser approcher personne. Malgré tout, un grand nombre de Portugais portaient la main à leur chapeau, non sans crainte évidente d'être remarqués. »

« J'entrerai », a dit l'amiral Roussin. Le moment est venu : moment solennel où vont se jouer une belle réputation militaire et une escadre dont la perte serait un deuil immense pour la France. Le vent est-il donc devenu tout à coup propice ? Le vent n'a guère varié ; mais il a suffi au *Dragon :* pourquoi ne suffirait-il pas à l'escadre ? Qu'il la conduise seulement au delà du fort Saint-Julien : le courant de flot fera le reste.

CHAPITRE XIX.

Le soleil du 11 juillet 1831 se lève. Nous possédons le rapport officiel de l'amiral Roussin sur cette imposante journée. Tout le monde l'a lu. C'est une belle page d'histoire. Nous lui préférons cependant le simple récit inséré dans la table de loch où nous n'avons cessé de puiser à pleines mains. Ici, nulle emphase : des faits. L'amiral se raconte à lui-même sa gloire, — sa grande gloire, — dépouillée de tout artifice de rédaction.

« Du lundi 11 au mardi 12 juillet. — A neuf heures du matin, vent de nord-ouest. Je me décide à entrer. — Je fais appareiller. — L'escadre rallie. — Je gouverne sur elle. — Mon ancre est levée à dix heures : elle est cassée. — J'expédie mes dernières instructions à tous les bâtiments. — Je signale de serrer le vent tribord amures. — La mer est grosse, la brise forte, la brume épaisse. —

A midi quarante-cinq minutes, la distribution de
mes ordres, confiée aux avisos, est terminée. La
marée favorable doit finir à trois heures. Il n'y a
plus de temps à perdre, — viré lof pour lof et
formé l'ordre de bataille bâbord amures :

« Colonne de gauche. — *Marengo, Algésiras,
Suffren, Ville de Marseille, Trident, Alger, Pallas,
Melpomène, Didon.*

« Colonne de droite. — *Endymion, Églé, Dragon, Perle.*

« A une heure quarante-cinq minutes, laissé arriver dans la passe du sud. — Gouverné sur le vaisseau de tête, entre les forts Saint-Julien et Bugio.
— A deux heures, ces forts ouvrent leur feu. —
Nous sommes encore trop loin. — A deux heures
dix minutes, nous ouvrons le nôtre sur le fort Saint-
Julien. Les corvettes et les frégates canonnent le
fort Bugio. — Nous passons ensuite successivement
devant les forts intérieurs. — Tous combattent,
mais avec maladresse. Quand nous sommes par le
travers, ils se taisent.

« A trois heures, arrivés devant Paço d'Arcos. —
Le *Marengo* et l'*Algésiras* n'ont pas aperçu le
signal de *continuer.* Ils mouillent au poste que je
leur avais assigné dans la première partie du plan

d'attaque. Voyant que je continue, ils remettent sous voiles et suivent l'escadre. Chef de file alors, le *Suffren* arrive, à quatre heures, devant le fort Belem, qu'il range à soixante toises. Il le canonne. Ayant ensuite passé sous tous les forts, je mouille en face du palais neuf, vis-à-vis la Corderie. Une partie de l'escadre mouille à l'ouest de moi. Je donne ordre à l'autre de se porter sur l'escadre portugaise qui est embossée dans l'est et de la combattre ou amariner. La *Pallas* lui tire quelques coups de canon; l'escadre portugaise, composée d'un vaisseau, trois frégates, trois corvettes et deux bricks, répond par quelques coups et amène. — Toute l'escadre française mouille le long des quais, depuis Belem jusque devant Lisbonne. A six heures, j'envoie un parlementaire sommer le gouvernement portugais de donner satisfaction. »

Vainqueur, tenant la ville de Lisbonne, le palais du Roi, sous son canon, l'amiral Roussin avait encore peine à s'expliquer la facilité de son succès : « N'est-ce pas, se demandait-il, un fait incroyable, qu'après avoir tiré près de quinze mille coups de canon, en défilant, pendant trois heures et demie, sous vingt forts qu'on prétendait formidables, les pertes de l'escadre se soient bornées aux plus légers accidents? Tout le poids du jour est tombé de l'autre côté. C'était justice. »

Les plus grands hommes de mer ne sont pas exempts de faiblesse : ils croient, en semblable occasion, à l'intervention de la Providence. « Ma chère mère, écrivait l'amiral Roussin à la pieuse et vénérable femme qui mourut presque centenaire, et pour laquelle sa tendresse filiale ne se démentit jamais, avez-vous une église où vous puissiez raisonnablement rendre sa politesse au bon Dieu? Il nous a visiblement touchés de son doigt, et c'est bien le moins qu'on l'en remercie. Mais reçoit-il toujours à Arc-sur-Tille dans une grange? Toutefois, grange ou église, je ne doute pas que vous ne teniez à le remercier de sa bonté pour nous; au besoin, je vous en prie, trop mauvais sujet que je suis peut-être pour m'en acquitter à suffisance moi-même. Le miracle est assez visible. Il ne paraîtrait pas douteux, si nous étions seulement moins vieux de cinq ou six siècles. Comment croire, en effet, naturel qu'on puisse se tenir pendant quatre heures sur une route de trois lieues, sous plus de deux cents canons, sans y laisser pieds ou ailes? Nous n'avons pas eu vingt hommes blessés, et l'ennemi a été foudroyé. »

Tout n'était pas fini cependant. Si le gouvernement portugais se réveillait! S'il amenait de l'artillerie sur la rive, s'il élevait de ces ouvrages en terre contre lesquels la marine s'est de tout temps — avant l'invention de la mélinite — déclarée impuissante! S'il mettait l'escadre au défi de détruire la ville! S'il lui rendait, par des attaques incessantes, le mouillage intenable! C'est ici que la contenance de l'amiral me paraît plus que jamais digne de la grande nation qu'il représente. Tout le servira : sa mâle assurance, la superbe attitude de ses vaisseaux et jusqu'à ce ton brusquement impérieux que le vainqueur d'Austerlitz avait enseigné à ses lieutenants.

A six heures et demie du soir, le 11 juillet, le vicomte de Santarem reçoit la lettre suivante : « Monsieur le ministre, vous voyez si je tiens mes promesses. Je vous ai fait pressentir hier que je forcerais les passes du Tage. Me voici devant Lisbonne. Tous vos forts sont derrière moi et je n'ai plus en face que le palais du gouvernement. Ne provoquons point de scandale. La France, toujours généreuse, vous offre les mêmes conditions qu'avant la victoire. Je me réserve seulement, en en recueillant les fruits, d'y ajouter des indemnités pour les victimes de la guerre. J'ai l'honneur de vous demander une réponse immédiate. »

Le gouvernement de don Miguel s'inclina devant la mauvaise fortune. A dix heures du soir, le vicomte de Santarem répondait : « Excellentissime Seigneur, j'ai l'honneur de déclarer à Votre Excellence que 'le gouvernement de Sa Majesté Très-Fidèle, voulant éviter, par tous les moyens possibles, les désastres qui pourraient résulter des derniers événements, adopte les bases proposées dans la dépêche de Votre Excellence du 8 courant. »

La soumission ne s'est point fait attendre : les négociations, néanmoins, menacent tout à coup de traîner en longueur. L'amiral Roussin jette de nouveau son épée dans la balance : « Monsieur le vicomte, écrit-il le 13 juillet au ministre de don Miguel, vous me poussez à bout, et j'ai l'honneur de vous prévenir que cela ne peut vous réussir... Je m'en suis rapporté à votre parole, et je ne souffrirai pas plus longtemps les conséquences de mon erreur. J'attends Votre Excellence ou la personne autorisée qu'elle désignera aujourd'hui ou demain jusqu'à midi. Je la recevrai à mon bord et non ailleurs. »

Où donc l'amiral Roussin a-t-il pris le style de

ses dépêches, lui qui n'a jamais reçu de leçons que de M. Petit-Genet? N'est-ce point sur ce ton que les empereurs romains parlaient aux Goths et aux Francs? L'*imperatoria brevitas* ne s'enseigne pas dans les colléges. Ce que nous entendons, c'est la marine de 1812; la révolution de Juillet lui a rendu son fier accent. La révolution de Juillet — ce sont mes souvenirs personnels qu'ici j'interroge — fut, avant tout, une révolution bonapartiste, la revendication des vétérans de César, attendant naïvement qu'au bruit de leur triomphe le duc de Reichstadt accourût de Vienne. Tout prêts à élever l'objet d'une inébranlable idolâtrie dans leurs bras, il leur semblait revenir une seconde fois de l'île d'Elbe. Que peuvent la sagesse, les bienfaits d'un gouvernement, — la Restauration était assurément un gouvernement bienfaisant et sage, — contre de tels transports? On ne songeait guère à la république dans ce temps-là! Pour la masse de la nation, la république, c'était encore la Terreur. Avec le drapeau tricolore s'éveillèrent sur-le-champ tous les souvenirs de l'Empire. Faut-il s'étonner que l'amiral Roussin en retrouvât presque à son insu le langage?

Le 14 juillet, le traité de réparation fut signé, à

bord du *Suffren,* par le chargé de pouvoirs du gouvernement portugais, M. Antonio Kavrio d'Abreu Castello Branco. Le vicomte de Santarem le ratifia le jour même. Le 26 juillet, à quatre heures et demie du soir, la division du contre-amiral Hugon reprenait la route de Toulon; le 14 août seulement, l'amiral Roussin, nommé vice-amiral par ordonnance du 26 juillet, reprenait, de son côté, la route de Brest. Il emmenait, avec les frégates *la Sirène, la Guerrière,* qui étaient venues le rejoindre, la *Didon,* la *Pallas,* le *Dragon,* combattants du 11 juillet, et, pour mieux attester encore sa victoire, toute l'escadre portugaise, à l'exception du vieux vaisseau *le Jean VI.*

Par une de ces argulies familières aux faibles, le gouvernement portugais essayait de contester la validité de la capture. Ses forts étaient réarmés; l'escadre française ne comptait plus dans ses rangs qu'un seul vaisseau de ligne. L'occasion était bonne pour venger l'honneur national, pour reconquérir d'un seul coup tout l'ascendant perdu. « Les navires portugais, affirmaient les gazettes de Lisbonne, ne sortiraient pas du Tage. » A cette heure critique, reportons-nous au journal de l'amiral Roussin. Ce sera la dernière page que j'en veuille extraire :

« Du 13 au 14 août. — Au jour, branle-bas de combat. — A neuf heures vingt minutes, la brise se faisant du nord-nord-ouest au nord-nord-est, nous mettons sous voiles. La *Melpomène* et la corvette *l'Eglé* restent en station dans le Tage. J'ai donné mes instructions à M. de Rabaudy. — Appareillé le premier et voulant sortir le dernier, je mets en panne et signale aux autres bâtiments de forcer de voiles; mais ils sont de beaucoup en retard. Le courant de jusant me fait sortir malgré moi. A onze heures, je suis dehors. Les forts n'ont fait aucun mouvement hostile. Les dégradations que nous leur avons causées en entrant sont réparées, malgré les assurances de M. de Santarem. »

Le triomphe ne laissait plus rien à désirer. L'amiral Roussin força deux fois l'entrée du Tage : la première fois avec une escadre, la seconde avec une division. L'Angleterre, par la bouche de lord Wellington, s'en déclara publiquement humiliée. Quel Français, en revanche, n'aurait dû sentir battre son cœur avec plus de fierté? La France, au contraire, resta froide. Ce n'était pas une victoire qu'elle attendait; c'était une révolution. Et puis le succès, pour être à ses yeux éclatant, n'avait pas coûté assez cher. Je voudrais l'habituer à mieux juger des choses maritimes. Tel est surtout le but que je me suis proposé dans ce récit.

Une armée de cent mille hommes n'aurait que difficilement obtenu ce qu'une flotte, au fond peu considérable, venait de réaliser en quelques jours : la paix scellée par des réparations sans la moindre lacune; le drapeau d'un gouvernement nouveau et à peine reconnu de l'Europe, affirmé sous les murs de la capitale qui se croyait le mieux à l'abri de toute insulte. Il était juste de nommer le chef de l'expédition vice-amiral, de l'élever le 11 octobre 1832 à la pairie. Il n'eût pas fallu oublier le capitaine Maillard de Liscourt. L'amiral Roussin demandait pour ce vaillant chef de file le grade de contre-amiral. Chez nos voisins, la récompense ne lui eût pas manqué. Les Anglais ont le sens des affaires navales; nous avons beaucoup à progresser encore avant de l'acquérir. Le commandant Maillard de Liscourt est mort capitaine de vaisseau [1]. Lui aussi, il porta la peine d'une déception causée par les visées les plus chimériques. Le maréchal Sébastiani avait très-prudemment déclaré que l'expédition du Tage devait rester une question française. L'amiral

[1] Voir à l'*Appendice* la notice relative au capitaine de vaisseau Maillard de Liscourt.

Roussin s'en souvint, et voilà peut-être pourquoi sa gloire, si justement enviée par tous les marins du monde, attend encore une statue. La politique gâte tout ce qu'elle touche : elle a l'haleine fétide des harpies.

Contrariée par les calmes et par les vents du nord, la traversée de retour fut lente. Comme l'amiral Hugon, l'amiral Roussin, — n'en déplaise à mon savant confrère M. Faye, — avait foi dans les phases de la lune. Je trouve dans son journal cette mention, qui témoigne tout au moins de ses espérances : « Du 18 au 19 août. — Belle lune de treize jours. » — J'y rencontre aussi cet aveu : « Du 19 au 20 août. — Je suis assez gravement malade depuis quelques jours. » On l'eût été à moins ! Par quelles angoisses cet esprit toujours aux aguets avait passé ! Il n'y a pas que les poëtes qui souffrent de leur organisation nerveuse ; les héros en sont peut-être plus cruellement encore tourmentés. Héros et poëtes, au demeurant, c'est tout un. Enfin, le 1er septembre, à dix heures du matin, on aperçoit dans une éclaircie le bec du Raz. Le 2 septembre, la division, accompagnée de ses prises, mouille à Brest.

Je me trompe fort, ou ce récit, d'où j'ai écarté

à dessein tout ce qui aurait pu en rompre l'unité, ne sera pas lu sans fruit par les hommes du métier, par ceux-là surtout qui peuvent avoir, un jour ou l'autre, une grande résolution à prendre. La réputation des défenses du Tage était usurpée : sans l'amiral Roussin, le préjugé subsisterait encore.

APPENDICE

ARMAND BUCHET DE CHATEAUVILLE

Né à Paris le 24 novembre 1775, le capitaine de vaisseau
Jean-Baptiste-Armand-Victoire Buchet de Châteauville était
fils d'un ancien chevalier de Saint-Louis. Son père mourut,
— la monarchie florissait encore, — « commandant pour le
Roi » aux îles Saint-Pierre et Miquelon. La Révolution sur-
prend le futur capitaine de vaisseau, à l'âge de cinquante-
quatre ans, avant que son éducation soit achevée; la Terreur
plonge sa famille dans la misère; mais, en 1793, Armand
de Châteauville a déjà le courage et la force d'un homme.
Le 30 avril, il s'embarque sur un corsaire, sur le brick
l'Affamé, capitaine Jego. *L'Affamé* va s'établir en croisière
entre les Açores et les côtes de Portugal. La carrière du
corsaire sera courte : le 28 mai, il se trouve tout à coup
sous la volée d'une frégate anglaise, de la *Flora*, commandée
par le *post captain* sir John Borlase Warren, baronnet. La
prise de l'*Affamé* ferait pauvre figure dans le récit des exploits
d'un officier destiné à combattre un jour nos escadres et à
porter le pavillon carré au grand mât. L'*Affamé* fut amariné en un clin d'œil, et le citoyen Châteauville alla passer

deux ans et demi en Angleterre. Son échange n'eut lieu que le 25 septembre 1795.

Deux années et demie de captivité ne l'avaient pas enrichi : rentré en France, il était exposé à y mourir de faim. La marine de l'État, heureusement, l'accueillit. Le 12 janvier 1796, il est admis à bord de la frégate *la Cocarde* en qualité de matelot timonier. La *Cocarde*, qui ne tardera pas à s'appeler la *Vertu*, — les noms de bâtiments changent avec les aspirations du jour, — est sous les ordres du capitaine Lhermitte. Le capitaine Lhermitte est réputé le meilleur manœuvrier de l'époque : on l'expédie dans l'Inde. Il y accompagne le contre-amiral Sercey.

Le 5 juillet 1796, Châteauville fait un grand pas : il est nommé aspirant de 2ᵉ classe. Ce grade le sépare pendant quelque temps du capitaine Lhermitte. Il passe de la *Cocarde* sur la *Seine*. Toute une série de combats plus sérieux que ceux de l'*Affamé* va s'ouvrir pour l'ancien apprenti corsaire. Aussi bien que les officiers de la *Sémillante*, Armand de Châteauville aura ses cinq journées. Il les a racontées lui-même : laissons-lui la parole.

Premier combat. — « J'étais embarqué, dit-il, en qualité d'aspirant de 2ᵉ classe sur la frégate *la Seine*, commandée par M. Delatour. Le 20 septembre 1796, nous trouvant dans le détroit de Malacca, à la hauteur d'Achem, la division de M. le contre-amiral Sercey, composée de six frégates, dont la *Seine* faisait partie, combattit les vaisseaux anglais *l'Arrogant* et *le Victorious*, de 74[1]. Après cinq heures et demie de

---

[1] Ce combat fait le plus grand honneur au contre-amiral Sercey. Ce fut un combat meurtrier. Les Anglais comptaient, sur leurs deux vaisseaux, 24 tués et 84 blessés ; les Français, sur leurs six frégates, 42 tués et 104 blessés. L'avantage cependant, de l'aveu même de l'historien anglais, nous resta. Ce n'est pas chose commune de voir

combat, ces vaisseaux furent forcés de nous abandonner le champ de bataille. Nous perdîmes dans cette affaire notre capitaine, qui mourut, peu de jours après, des suites de ses blessures. Je fus fait aspirant de 1re classe par M. de Sercey. »

Deuxième combat. — « Nous revenions d'une croisière dans les mers de Chine : la corvette *la Brûle-Gueule,* capitaine Bruneau, et la frégate *la Preneuse,* commandée par M. Lhermitte, capitaine de vaisseau, avec qui j'étais embarqué, furent chassés, le 10 mai 1799, à l'atterrissage de l'île de France, par une division anglaise forte de deux vaisseaux, deux frégates et un brick. Cette division, nous coupant la route pour entrer au port Nord-Ouest[1], nous força de nous réfugier dans la baie de la rivière Noire, où elle vint nous attaquer au mouillage. Nous nous embossâmes, dès le commencement de l'action, pour prêter le travers à l'ennemi. Le combat commença à onze heures du matin et dura jusqu'à quatre heures du soir. L'ennemi nous abandonna en ce moment, la nuit ne lui permettant plus de nous combattre avec quelque espoir de succès. »

Troisième combat. — « Ce combat eut lieu le 20 juillet 1799 dans la baie d'Algoa, baie située à quatre-vingts lieues dans l'est du cap de Bonne-Espérance. La frégate *la Preneuse,* toujours commandée par M. Lhermitte, avec lequel je me trouvais encore, combattit, depuis neuf heures du soir jusqu'à trois heures du matin, deux fortes corvettes embos-

des frégates se mesurer avec des vaisseaux de ligne ; mais dans l'Inde, il faut bien le remarquer, tout nous réussissait. Suffren avait laissé derrière lui je ne sais quel souffle d'héroïsme qui attisait encore, à quinze ans de distance, la flamme et la confiance dans les cœurs.

[1] Le port Nord-Ouest de l'île de France était l'ancien Port-Louis.

sées et une batterie de la côte. Nous fîmes amener une des corvettes et nous étions sur le point de l'envoyer amariner, lorsque nous aperçûmes un gros bâtiment qui venait au mouillage. Dans la crainte que ce ne fût pour l'ennemi un renfort, le capitaine Lhermitte crut prudent de cesser le combat et d'appareiller, en coupant ses câbles. Nous sûmes, peu de jours après, que ce bâtiment, mouillé dans une baie voisine, était expédié pour venir au secours des deux corvettes[1]. »

Quatrième combat. — « Le 10 août 1799, nous étions en croisière devant le cap de Bonne-Espérance. Chassé, pendant vingt-quatre heures, par le vaisseau anglais *le Jupiter,* de soixante-quatre canons, le capitaine Lhermitte fut joint par ce vaisseau et forcé de le combattre. Ce ne fut qu'après trois heures d'un engagement vigoureux, où l'on combattit de très-près, que l'ennemi, craignant un abordage, prit chasse devant nous, pendant trois heures et demie. Nous ne levâmes la chasse qu'à l'entrée de la nuit, quand nous eûmes perdu l'ennemi de vue[2]. »

[1] La *Preneuse* venait de combattre un vaisseau de 44 armé en flûte, — le *Camel,* — capitaine John Lee, et la corvette de seize canons *le Rattlesnake*, capitaine Samuel Gooch. Les deux capitaines anglais étaient à terre: l'état de la barre ne leur permit pas, malgré tous leurs efforts, de rejoindre leurs bâtiments. Le *Camel,* coulant bas d'eau, eut, sur un équipage de 101 hommes, 6 blessés; le *Rattlesnake,* sur 92 hommes, 3 tués et 7 blessés. Le troisième navire, dont l'apparition mit brusquement fin au combat, fut très-probablement le brick-goëlette, capturé sur les Français, *la Surprise*.

[2] L'historien anglais confirme de tout point les détails de ce beau combat. « Ce fut une fâcheuse affaire pour le pavillon anglais, écrit-il, et un juste sujet de triomphe pour le capitaine Lhermitte. » Remarquons cependant que le *Jupiter*, commandé par le capitaine William Granger, n'était pas, comme le croyait M. de Châteauville, un vaisseau de 64, mais un vaisseau de 50, portant du 24 dans sa batterie basse.

Cinquième combat. — « Nous venions de croiser pendant cinq mois et demi, à contre-saison, sur le banc des Aiguilles; nous avions beaucoup souffert du mauvais temps. Outre un grand nombre de blessés, suite de nos deux derniers combats, presque tout notre équipage était attaqué du scorbut. Dans cette situation, nous fûmes chassés, le 20 octobre 1799, à l'atterrissage de l'île de France, par deux vaisseaux anglais, — *le Tremendous* de 74 et *l'Adamant* de 64. — Ces bâtiments nous contraignirent à faire côte à la baie du Tombeau. Après un engagement de près de cinq heures, démâtés de tous mâts, nous fûmes obligés d'amener notre pavillon. Maîtres de la frégate, les Anglais y mirent le feu et nous emmenèrent prisonniers à leur bord, au nombre de onze. Tous les blessés, tous les autres gens de l'équipage avaient été mis à terre, avant que nous fussions amarinés. Dès le lendemain du combat, le gouverneur général Malartie expédia un parlementaire au commandant de la division anglaise pour réclamer le capitaine Lhermitte et ses compagnons d'infortune. J'avais l'honneur d'être de ce nombre. Ce ne fut que le troisième jour de notre captivité que le commodore Osborne se décida à nous laisser débarquer à l'île de France. Nous nous engagions sur l'honneur à ne pas servir avant d'être échangés. Quelque temps après ce combat, le contre-amiral Sercey me fit enseigne de vaisseau[1]. »

Cinq combats pour conquérir le grade d'enseigne provisoire! A ce prix-là on deviendrait aujourd'hui général. Le

---

[1] James reporte la date de ce combat au 11 décembre et ne donne que cinquante canons au vaisseau *l'Adamant,* commandé par le capitaine Hotham, — non pas Henri Hotham, un des adversaires de mon père en 1809 au combat des Sables-d'Olonne, le commandant de l'escadre de la Méditerranée, en 1834, à qui je fus alors présenté par le commandant Lalande, mais William Hotham.

capitaine Lhermitte « s'est plu » pourtant « à délivrer et noti-
fier que le citoyen Armand Buchet de Châteauville a servi
sous ses ordres, sur les frégates *la Vertu* et *la Preneuse*
depuis le 22 nivôse an IV au 20 frimaire an VIII; qu'il s'y
est, dans tous les temps, distingué par sa conduite exem-
plaire, sa bravoure et toutes les qualités désirables chez un
officier. »

Châteauville est libre : il n'est pas encore échangé. Quelle
que soit sa détresse, ce n'est pas lui qui songerait à violer
sa parole. Il se borne à solliciter du général Magallon, appelé
par la mort du général Malartie à exercer les fonctions de
gouverneur général des établissements français à l'est du
cap de Bonne-Espérance, l'autorisation de servir sur les bâtiments de commerce. Vingt-deux ans plus tard, le 2 juillet
1822, le général Magallon, comte de la Morlière, lieutenant
général des armées du Roi, recommandera au ministre de la
marine le lieutenant de vaisseau Buchet de Châteauville, qui
a, comme son protecteur, repris la particule, mais n'a point
encore, cependant, malgré ses magnifiques services, malgré
ses puissantes relations de famille, réussi à obtenir le grade
de capitaine de frégate. « Il n'y a, me disait souvent mon père,
que les honteux qui perdent. »

Du 2 janvier au 18 avril de l'année 1800, nous trouvons
Châteauville embarqué sur le trois-mâts *l'Illusion*, capitaine
Labauzie. Rentré à l'île de France, Châteauville y apprend
que son échange est enfin consommé. Un midshipman du
vaisseau anglais *le Tremendous*, le sieur James Maddox, conduisait dans l'Inde le chasse-marée *la Mouche*, capturé par la
division du commodore Osborne. La *Mouche* a été reprise
en route par le corsaire français *la Gloire*, capitaine Bour-
goin. Le gouverneur de l'île de France échange le midshipman
Maddox contre l'enseigne de vaisseau Châteauville. A peine

dégagé de ses serments, Châteauville cherche un emploi à sa liberté reconquise. Aucun navire de guerre n'est là pour le recevoir à son bord : il s'embarque, le 9 mai, sur le corsaire *la Confiance.* Le 10 octobre, Châteauville contribue, dans la baie de Balassor, au fond du golfe du Bengale, à l'enlèvement du country-ship anglais *le Kent.* Lhermitte lui a montré comment une frégate peut donner la chasse à un vaisseau de ligne; sous les ordres de Surcouf, il apprend comment nos corsaires, associant à propos la ruse à l'audace, savent emporter d'assaut les galions de la Compagnie des Indes.

On serait assurément en droit d'appeler un tel succès un combat. Châteauville n'a pas un instant songé à faire figurer la capture du *Kent* sur ses états de service. L'officier de marine ne considère comme combats réguliers que ceux qui sont livrés flamme battante au haut du grand mât.

Les corsaires de la République étaient héroïques; plus héroïques peut-être que scrupuleux. A quel titre ont-ils arrêté sur les brasses du Bengale et ramené en triomphe à l'île de France ces trois bâtiments si richement chargés, qui appartiennent à l'imam de Mascate : *l'Ahmédié, le Moustapha* et *le Phidelem?* Le général Magallon refuse de reconnaître la validité de ces captures. Il charge l'enseigne de vaisseau Châteauville de reconduire dans l'Inde, pour les restituer au prince dont il songe à se faire un allié, les trois navires capturés, à son avis, contre le droit des gens. Le 20 mars 1801, Châteauville appareille pour Mascate sur *l'Ahmédié,* bien muni de dépêches et d'instructions verbales. Il ne reviendra au Port-Louis que le 23 juin 1802.

Qu'a-t-il fait pendant ces quinze mois? Ce qu'il a fait? Compagnon inséparable du sultan arabe, il a fait, dans le golfe Persique et dans la mer Rouge, la guerre aux Waahbites. Voilà donc pourquoi nos vieux matelots voyaient en lui un ancien amiral de l'imam de Mascate! Châteauville ne fut jamais que le très-aventureux ambassadeur du général Magallon. « Pendant mon séjour à Mascate, se contente-t-il d'écrire, j'ai été traité avec distinction et défrayé de toutes mes dépenses. Le prince, quand je partis, me chargea de dire de vive voix au général qu'il lui offrait ses services pour l'approvisionnement de la colonie. »

La paix d'Amiens est conclue : plus d'embarquement sur les frégates de guerre, plus de campagnes de course, plus de combats à espérer! Châteauville demande à rentrer en France. « Je vous accorde avec plaisir, citoyen, lui répond le général Magallon, l'autorisation que vous me demandez de passer en France, mais sous la clause que ce sera à vos frais. » Châteauville, par miracle, se trouvait assez riche pour payer son passage. Il s'embarqua, le 4 janvier 1803, sur le navire de commerce *l'Aimable-Georgette,* capitaine Caffe. Le 7 mai, le commandant des armes à Marseille « lui permet de se rendre à Paris, lieu de son domicile », toujours à ses frais naturellement. Châteauville a sujet de remercier Surcouf. S'il n'eût jamais servi que sur la *Preneuse,* la *Seine* ou la *Cocarde,* il eût, bon gré mal gré, erré, pendant trois ans, du Port-Louis à la rivière Noire, de la rivière Noire à la baie du Tombeau, de la baie du Tombeau à l'église des Pamplemousses.

A Paris, le ministère lui fait bon accueil. Le 12 octobre 1803, il n'est plus enseigne de vaisseau provisoire; il est enseigne de vaisseau entretenu. L'avancement vient lentement : Châteauville, j'en suis sûr, ne s'en préoccupe guère. Jusqu'au 5 décembre, on l'emploie à Rochefort au service du port. Le 5 décembre, il est nommé sous-adjudant de l'escadre que commande en rade de l'île d'Aix le contre-amiral

Villeneuve. L'amiral monte le vaisseau *le Majestueux*, commandé par le capitaine Viollette. La mort de l'amiral Latouche-Tréville vient, pour son malheur, arracher Villeneuve à ce commandement paisible. Châteauville suit son chef à bord du *Bucentaure*. Villeneuve a choisi pour capitaine de pavillon le commandant Magendie.

L'armée se met en mouvement : la campagne qui doit aboutir à la journée de Trafalgar commence. Châteauville, — il en peut remercier son étoile, — quitte en ce moment l'état-major général de Villeneuve et passe, en qualité de simple officier de quart, sur la frégate *l'Hermione*. A bord de cette frégate il prend part, — la part réservée aux frégates dans les batailles rangées, — au combat du 20 juillet 1805 contre l'escadre anglaise de l'amiral Calder, au combat bien autrement sanglant et décisif de Trafalgar, le 21 octobre de la même année. La grande guerre nous est désormais interdite : jusqu'au 19 août 1808, Châteauville fait à bord de l'*Hermione* diverses croisières sur les côtes d'Afrique et dans la mer des Antilles. Aucun incident digne d'être relaté ne semble avoir marqué ces laborieuses campagnes.

Mentionnons également, sans nous y arrêter, deux embarquements, d'un mois environ chacun, à bord du vaisseau *l'Ulysse*, capitaine Delarue, d'abord, puis à bord du vaisseau *le Cassard*, capitaine Sivre. Les vaisseaux, à cette époque, n'étaient guère en faveur qu'auprès des paresseux, — des *castors*, comme on les appelait ; — les officiers entreprenants cherchaient de préférence à se faire admettre sur quelque frégate. Châteauville obtient la faveur enviée de passer du vaisseau *le Cassard* sur la frégate *la Topaze*, commandée par le capitaine Lahalle. Le 8 octobre 1808, la *Topaze* prend la mer. A peine a-t-elle franchi le goulet de Brest, qu'elle est attaquée par une frégate anglaise. L'engagement n'a pas de suites ; le gros temps intervient. « Quoique démâtée de ses trois mâts de hune, la *Topaze* se fait abandonner. » Le 23 janvier 1809, le capitaine Lahalle est appelé à soutenir un combat plus sérieux. Nous sommes forcés d'en emprunter les détails à l'historien anglais sous les yeux de qui ont passé presque tous les journaux de bord conservés aux archives de l'amirauté britannique.

« Le 22 janvier 1809, à sept heures du matin, écrit William James, la corvette anglaise de dix-huit canons *le Hazard*, capitaine Hugh Cameron, en croisière devant la Guadeloupe, découvrit, dans la direction du sud-ouest, un trois-mâts et une goëlette se dirigeant vers la terre. La goëlette changea brusquement de route, se proposant peut-être d'attirer à sa suite la corvette ennemie. Le *Hazard* ne se laissa pas séduire par l'appât de cette capture facile : le capitaine Cameron courut droit au trois-mâts. Le trois-mâts était une frégate française de quarante canons, *la Topaze*, commandée par le capitaine Pierre-Nicolas Lahalle. A neuf heures du matin, la frégate anglaise de trente-deux canons de 12, *la Cléopâtre*, capitaine Samuel-John Pechell, apparut dans le sud-est et presqu'au même moment, la frégate de trente-huit canons *le Jason*, capitaine William Maude, se montrait au sud-ouest. La *Topaze* se trouvait cernée de tous côtés. Elle n'avait pas le choix de la manœuvre : il lui fallait se rapprocher autant que possible de la côte. A onze heures, elle jetait l'ancre et s'embossait sous une petite batterie située un peu au sud de la pointe Noire.

La brise était faible et variable ; les chasseurs firent peu de progrès jusqu'à deux heures trente minutes du soir. La brise du large s'éleva enfin et permit à la *Cléopâtre* de se rapprocher en louvoyant de la frégate française. A quatre heures trente minutes environ, la *Cléopâtre* était à deux cents·

mètres du rivage et à une demi-portée de fusil de la *Topaze*.

La *Topaze* ouvrit immédiatement le feu; la *Cléopâtre*, embossée par le bossoir de tribord de son adversaire, riposta. L'embossure de la *Topaze* ne tarda pas à être coupée par un boulet, et la frégate, venant à l'appel de son ancre, présenta l'avant à la bordée de la *Cléopâtre*. Prise ainsi d'enfilade, la frégate française n'était en mesure de répondre qu'avec la moitié de ses pièces. Il y avait quarante minutes environ que l'action était engagée, quand le *Jason* et le *Hasard* survinrent. La frégate française ne pouvait soutenir bien longtemps un combat aussi inégal. A cinq heures vingt minutes, elle amena son pavillon.

Ni le *Jason*, ni le *Hasard*, n'éprouvèrent d'avaries; la *Cléopâtre*, grâce au tir trop élevé de l'ennemi, ne souffrit guère que dans son gréement. Elle eut deux hommes tués et un blessé. Les pertes de la *Topaze* furent plus sérieuses; elles s'élevèrent au chiffre de douze tués et quatorze blessés. Une partie des hommes, le tiers environ, quand la frégate se rendit, essaya de gagner la terre à la nage. Beaucoup se noyèrent dans le trajet ou périrent atteints par les balles du *Jason*.

Pour la troisième fois Châteauville était prisonnier. « J'atteste, écrivait le capitaine de la frégate de Sa Majesté Impériale *la Topaze,* que M. Châteauville, enseigne de vaisseau, s'est comporté de la manière la plus distinguée dans les deux combats où nous nous sommes trouvés. Dans le combat que nous eûmes le 8 décembre 1808, étant démâté des mâts de hune, contre une frégate anglaise, j'avais placé M. Châteauville sur le couronnement pour observer les mouvements de l'ennemi, qui vint beaupré sur poupe. Rien n'échappa au bon coup d'œil de cet officier : je fus exactement prévenu de la manœuvre de l'ennemi, malgré l'obscurité et sous une grêle de mousqueterie et de mitraille. Dans le dernier combat, soutenu le 22 janvier contre deux frégates et une corvette de trente caronades, M. Châteauville mérita les mêmes éloges par sa bravoure, son sang-froid et son expérience. Il est d'un excellent conseil, bon manœuvrier, et il mérite à tous égards le grade de lieutenant de vaisseau. Il remplirait avec distinction le poste d'officier de manœuvre à bord d'un vaisseau de Sa Majesté Impériale. »

Conduit à la Barbade, Châteauville y demeura prisonnier jusqu'au 20 avril 1809. A cette époque, il obtint de passer aux États-Unis sur un bâtiment américain, pour y attendre son échange. Le climat des Antilles n'aurait pu qu'aggraver la dyssenterie dont il était atteint : l'air de la mer ne lui fut guère plus favorable. Le 19 juin, il arrive à Baltimore « dans un état de dépérissement très-alarmant ». Sa santé et l'extrême pénurie de ses ressources le retinrent dans l'Amérique du Nord pendant près de huit mois. Le 17 mars 1810, il s'embarque enfin à New-York pour rentrer en France. Est-ce dans cette traversée qu'il paya son passage en remplissant les fonctions de maître coq? La chose serait bien dans les allures américaines : les archives de la marine sont muettes à cet égard. Elles nous apprennent seulement l'arrivée à Lorient, le 19 avril, de l'enseigne de vaisseau Châteauville.

Échangé au mois de septembre 1810, chaudement recommandé par son beau-frère, M. de Villeneuve, alors préfet de Lot-et-Garonne, recommandé également par le comte de Cessac, ministre de l'administration de la guerre, Châteauville n'obtiendra le grade de lieutenant de vaisseau que le 11 juillet 1811. Pour qui donc l'amiral Decrès réservait-il ses faveurs?

Depuis le 7 mars de cette même année, l'ancien officier

de la *Preneuse* et de la *Topaze* a passé de l'Océan dans l'Adriatique, sous les ordres du capitaine de vaisseau Barré. Il presse de tout son pouvoir l'armement du *Rivoli,* un vaisseau de soixante-quatorze canons qu'on a construit au fond des lagunes de Venise et qu'on se propose d'en faire sortir en attachant à ses flancs deux pontons qui le soulèveront au-dessus de la barre de Malamocco.

Quelle fécondité de ressources dans ce génie qui ne voulait conquérir le monde que pour le précipiter, armé de pied en cap, sur la perfide Albion! Des chantiers de Venise vont bientôt descendre à la fois quatre vaisseaux de ligne et deux frégates.

Partout où flotte la pavillon de l'Empire, il faut que l'on conspire à la ruine des Anglais. Il n'y a plus désormais d'autre question pour le vainqueur d'Austerlitz. Cette préoccupation inspire tous ses mouvements et domine toute sa politique. Malheureusement, plus les conceptions sont grandes, plus l'impérieuse impétuosité qui les gâte apparaît. Le *Rivoli* est armé; il reçoit l'ordre de prendre la mer : il la prend, pour tomber le jour même au pouvoir des Anglais.

Interrogeons encore ici William James : son récit suffira amplement à nous montrer dans quelles conditions nos capitaines étaient appelés à se mesurer avec l'ennemi. « Le 16 février 1812, écrit l'historien généralement exact de la marine britannique, le vaisseau de 74 *le Victorious,* capitaine John Talbot, accompagné du brick de 18 *le Weasel,* capitaine John-William André, arriva devant Venise pour y surveiller les mouvements du vaisseau français *le Rivoli,* commandé par le capitaine Jean-Baptiste Barré. Le temps était brumeux : ce ne fut que le 21 février que le capitaine Talbot put reconnaître le port de Venise. A deux heures trente minutes du soir, il aperçut dans l'est-nord-est un brick; à trois heures, deux autres bricks et un gros bâtiment. Les trois bricks étaient l'*Iéna*, le *Mercure* et le *Mamelouk*; le gros bâtiment, le vaisseau *le Rivoli*.

« Ces quatre navires français avaient quitté Venise depuis douze heures et faisaient route pour Pola, sur la côte de l'Istrie. Le *Victorious* et le *Weasel* se couvrirent à l'instant de voiles pour chasser l'escadre française. Le 22, à deux heures trente minutes du matin, le capitaine Talbot remarqua qu'un des bricks français restait en arrière et que le *Rivoli* diminuait de voiles pour l'attendre. Il héla le *Weasel* et donna l'ordre au capitaine Andrew de passer, s'il pouvait, en avant du *Victorious* et d'attaquer le brick français. A quatre heures quinze minutes du matin, le *Weasel* atteignait le *Mercure* et l'engageait à demi-portée de pistolet. L'action entre les deux bricks durait depuis vingt minutes environ, quand l'*Iéna* diminua de voiles à son tour et ouvrit à grande distance le feu sur le *Weasel*. Vingt autres minutes n'étaient pas écoulées que le *Mercure* sautait en l'air. Le *Weasel* amena sur-le-champ ses embarcations; il ne put sauver que trois hommes de tout l'équipage du brick français. Pendant ce temps, l'*Iéna*, profitant de l'obscurité de la nuit, reprenait sa route et ne tardait pas à disparaître. Au point du jour, le brick anglais se retrouvait en vue de l'*Iéna* et du *Mamelouk*. Le capitaine Andrew avait déjà réparé les avaries causées à son gréement; il se mit à la poursuite des deux bricks français. La brise était très-faible; il eut recours à ses avirons de galère. L'*Iéna* et le *Mamelouk*, cependant, le gagnaient sensiblement, et la distance, loin de diminuer, ne faisait que s'accroître.

« A quatre heures trente minutes, juste un quart d'heure avant que le *Weasel* ouvrît le feu sur le *Mercure*, le *Victorious*, aidé par un léger souffle de vent, arrivait à demi-portée de pistolet du *Rivoli* et lui envoyait sa bordée de tribord. Le *Rivoli* cargua sur-le-champ ses basses voiles et riposta de toute sa volée de bâbord. Les deux vaisseaux avaient le cap sur le golfe de Trieste. Un furieux combat s'engagea. Dès le début de l'action, le capitaine Talbot fut atteint d'un éclat de bois qui le priva presque complétement de la vue : il dut laisser le commandement du *Victorious* à son second, le lieutenant Thomas Ladd Peake. La canonnade dura ainsi près de trois heures. En ce moment, le feu supérieur du *Victorious* avait réduit le *Rivoli,* incapable de gouverner, à l'usage de deux pièces du gaillard d'arrière. Le lieutenant Peake crut devoir néanmoins appeler par signal le *Weasel*. Les deux vaisseaux se trouvaient à la hauteur de la pointe de Grado, par sept brasses d'eau et en grand danger de faire côte. Le *Weasel* obéit sur-le-champ au signal qui lui était adressé. Il vint se poster sur l'avant du *Rivoli,* à portée de fusil, et, à huit heures du matin, lui lâcha toute sa volée. Deux fois de suite il renouvela cette manœuvre. Le feu du *Victorious* cependant ne se ralentissait pas. A huit heures quarante-cinq minutes, le mât d'artimon du *Rivoli* fut abattu. Un quart d'heure plus tard, le vaisseau français tira un coup de canon sous le vent et héla le *Victorious* pour lui faire connaître qu'il se rendait. La pointe de Legnano restait au nord-nord-ouest, à la distance de sept milles.

« Le gréement du *Victorious* était haché, la corne d'artimon et le gui brisés, les trois mâts de hune sérieusement endommagés, toutes les embarcations en pièces, à l'exception d'un petit youyou; la coque percée de plusieurs boulets. Sur un équipage de cinq cent six hommes, le vaisseau comptait vingt-sept tués et quatre-vingt-dix-neuf blessés. Entre blessés et morts, le *Rivoli* perdit quatre cents hommes, y compris le commandant en second et la majeure partie des officiers. Le mât d'artimon seul était abattu, mais le mât de misaine et le grand mât avaient tellement souffert qu'ils tombèrent quelques jours après le combat. La coque était horriblement maltraitée. »

Le *Rivoli* sortait du port ; son équipage était entièrement neuf, et cependant il montra une grande fermeté. Le capitaine Talbot, dans son rapport officiel, rend hautement justice à l'énergie et à l'habileté de son adversaire. « J'éprouve une grande satisfaction, écrit-il, à constater que la conduite du commodore Barré, dans ce combat, m'a laissé la conviction que j'avais rencontré pour adversaire un vaillant officier et un manœuvrier de premier ordre. Quand le commodore a rendu son vaisseau, le *Rivoli* était, depuis deux heures, dans l'impossibilité de gouverner. Il comptait quatre cents hommes hors de combat. »

Le 1er mars 1812, le *Victorious*, remorquant sa prise, arrivait au port Saint-Georges, dans l'île de Lissa.

Tel est le glorieux combat qui succédait pour le lieutenant de vaisseau Châteauville aux sanglantes aventures de la mer des Indes et de la mer des Antilles : officier de manœuvre du capitaine Barré, il emporta, de l'affaire où il venait de jouer un rôle si important, cet honorable témoignage qui venait s'ajouter aux attestations du capitaine Lhermitte, du contre-amiral Magon et du capitaine Lahalle : « Ses talents, comme marin et comme officier militaire, écrit le commandant du *Rivoli*, ne laissent rien à désirer. Deux fois blessé, deux fois jeté en bas du dôme, où il se tenait à côté de moi, il est resté fidèle à son poste jusqu'à la fin du combat. »

Du 22 février au 1er juin 1812, Châteauville attendit son échange à Lissa. Dès que cet échange fut accompli, le vaillant officier se hâta de rentrer à Venise : son zèle y trouva facilement de l'emploi. Le contre-amiral Duperré venait de prendre le commandement de la marine franco-italienne. Sous cette vigoureuse impulsion, la vieille cité des doges voyait renaître l'antique activité de son arsenal. Châteauville fut embarqué sur le vaisseau *le Mont-Saint-Bernard,* construit, armé à Venise et commandé par le capitaine de Martineng, neveu de l'amiral Truguet. Martineng, en 1801, commandait déjà une frégate, — la frégate *le Muiron.* — Sous les ordres de Linois, il prit part avec ce navire, qui avait ramené le général Bonaparte d'Égypte, au combat d'Algésiras.

Pendant les trois mois et les dix-huit jours qu'il figura sur le rôle d'équipage du *Mont-Saint-Bernard,* Châteauville commanda le brick *le Mamelouk,* corvette d'instruction des apprentis marins. Du *Mont-Saint-Bernard,* il passe sur le *Castiglione,* commandé par le capitaine Ayraud et destiné à porter le pavillon du contre-amiral Duperré. On ne voulut point exposer le *Castiglione* au sort du *Rivoli.* Châteauville, aussi longtemps que dura son embarquement sur ce vaisseau, ne paraît avoir couru d'autres dangers que ceux qui pouvaient résulter pour sa santé d'un séjour trop prolongé dans les lagunes. La dyssenterie et la fièvre sont souvent des ennemis plus dangereux que les Anglais. La vie même du lieutenant de Châteauville était en péril. La tendresse de sa mère s'en émeut, et, le 21 avril 1813, elle écrit au ministre : « Mon fils, embarqué sur le *Castiglione,* sous le commandement du contre-amiral Duperré, est, depuis plus de deux ans, à Venise. Sa santé, déjà fort éprouvée par de nombreuses campagnes dans les mers de l'Inde et par un long séjour à Batavia, est près de succomber aux effets de l'air délétère qu'il respire dans les lagunes. J'ose demander à Votre Excellence de me conserver mon fils, en l'employant activement dans le port de Toulon. » Il fallut encore une année pour que cette requête fût accueillie.

Maître des deux rives de l'Adriatique, des îles Ioniennes, aussi bien que du golfe de Venise, l'Empereur avait consacré, de l'année 1809 à l'année 1812, une somme annuelle de huit millions de francs environ à la création et à l'entretien d'une marine franco-italienne; mais dès le mois de juillet 1813, les opérations combinées entre l'Angleterre et l'Autriche pour nous refouler au delà du Var commencèrent. Les Autrichiens ne négligeaient rien pour s'assurer le bon vouloir des habitants. Ils répandaient à profusion des proclamations rédigées en italien, dans lesquelles ils réclamaient le concours des populations. « L'Auguste souverain de l'Autriche et ses alliés, disaient-ils, n'ont pas l'intention de faire des conquêtes. Ils ne veulent que rendre l'Italie une puissance indépendante. » On sait de quelle façon la promesse fut tenue. Ce ne sont pas les Autrichiens qui ont « délivré l'Italie des Barbares ». Les Autrichiens étaient de trop fins politiques pour cela! Le 17 août 1813, ils se mettent en mouvement. Le 19, ils passent la Save, au nombre de trois bataillons d'infanterie et d'un régiment de cavalerie; à deux heures de l'après-midi, ils entraient à Carlstadt. Quelques jours après, ils étaient à Fiume; le 1er septembre, ils s'avançaient, sur la route de Fiume à Trieste, jusqu'à Matoria.

La garnison de Trieste se composait de deux mille quatre cents hommes. Déjà menacée par deux vaisseaux anglais et par plusieurs frégates, elle s'apprêtait à évacuer la ville et à se replier sur Goritz, où les autorités civiles l'avaient devancée, quand les succès de la division Palombini vinrent lui rendre l'espoir de conserver la place. Ce ne fut qu'un répit de quelques jours : le 11 octobre, les Autrichiens faisaient leur entrée dans Trieste; le 29 octobre, le fort était complétement investi; le 9 novembre, il capitulait. La route de Venise se trouvait ouverte.

Qu'aurait pu, au milieu de ce grand désarroi, tenter notre escadre de l'Adriatique? Composés en majeure partie de Génois et de jeunes Illyriens, les équipages de ces vaisseaux étaient sans vêtements, sans solde et songeaient bien plus à déserter qu'à combattre. Notre escadre de Toulon ne sentait pas moins douloureusement son impuissance. Les Napolitains venaient d'occuper Rome ; Livourne cédait également aux forces napolitaines, unies par un' pacte sacrilège aux forces britanniques ; Gênes tombait au pouvoir des Anglais et des Autrichiens. Depuis quelque temps déjà la fidélité des Génois admis dans les rangs d'équipages que notre inscription maritime épuisée ne pouvait plus recruter à elle seule, était fort ébranlée : cet événement lui porta le dernier coup. De nombreuses désertions à l'instant se produisent. « J'en ressentis, écrit à cette époque le capitaine Baudin, un chagrin profond. J'avais été si heureux, au milieu de ces braves gens ! Distraits par la passion, bien légitime d'ailleurs, de revoir leur patrie et de partager son sort, quel qu'il fût, ils ne servaient plus avec le même zèle. L'enthousiasme du passé était mort. Je voyais clairement que, dans peu de temps, je ne conserverais plus un seul de mes vaillants compagnons du *Renard* et de la *Dryade*. La France cependant les avait toujours traités comme ses enfants ! »

Grande leçon pour les faiseurs d'annexions et de conquêtes ! Rien ne prévaut contre l'histoire. Gênes était génoise avant d'être italienne ou française : elle appartenait — elle appartient peut-être encore aujourd'hui — au culte ineffaçable de ses glorieux souvenirs. Le vaisseau anglais *le Caledonia* fut chargé d'aller chercher le roi de Sardaigne dans son île : quelques jours après, il le débarquait à Gênes. Lord William Bentinck était alors commandant en chef de l'armée anglaise et commissaire de S. M. le roi George. Il

17.

voulut exiger que tous les membres du gouvernement génois se portassent au-devant du Roi, ramené de l'exil. Les Génois refusèrent : « Lorsque l'empereur Joseph II, prétendaient-ils, a visité Gênes, il n'a été reçu que par une députation du Sénat. »

« Les Génois, écrit encore ici le capitaine Baudin, détestent les Piémontais et ne redoutent rien tant que d'avoir à subir leur domination. Le roi Victor-Emmanuel, de son côté, ne se fiait que médiocrement à la soumission peu empressée de ses sujets de terre ferme : il entra dans Alexandrie l'épée nue à la main. Son aversion pour la France, la terreur que nous lui inspirions encore, se traduisaient par maintes précautions puériles. Tout ce qui venait de France — livres, gazettes ou modes — était impitoyablement proscrit. C'eût été s'attirer la colère du roi que d'oser parler français devant lui. Par ses ordres, la route du Mont-Cenis avait été coupée : s'il n'eût dépendu que du successeur de Charles-Emmanuel II, jamais les États sardes ne seraient rentrés en communication avec l'odieux pays d'où était sortie la Révolution. »

Au mois de mars 1814, la situation n'est pas moins désespérée au midi de la France qu'à l'est et au nord. Les Anglais se sont emparés de Bordeaux; les armées coalisées marchent sur Paris. Le service des postes n'a plus aucune régularité. L'escadre de Toulon passe souvent des semaines entières sans recevoir la moindre nouvelle officielle du théâtre de la guerre. Les Anglais seuls se chargent, par les bulletins qu'ils sèment sur la côte, d'apprendre à nos équipages consternés nos revers. Paris enfin, Paris lui-même, après deux jours de combat, ouvre ses portes à l'ennemi. Le 11 avril, l'Empereur abdique à Fontainebleau; le 31 mai, les Bourbons remontent sur le trône.

C'est en ce moment que le lieutenant de vaisseau Buchet

de Châteauville, parti de Venise le 26 avril, arrive à Toulon. Quels durent être les sentiments de ce fils d'un ancien chevalier de Saint-Louis, de cet officier que tous ses souvenirs de famille rattachaient au passé? Ceux d'un bon Français, soyez-en convaincus. Le deuil de la patrie ne laissait place alors dans toute âme généreuse qu'à un incurable sentiment de tristesse. La mère de Châteauville avait sans doute le droit d'écrire : « Mon mari a terminé sa carrière au service des rois de France » ; son beau-frère était fondé à rappeler au comte Beugnot, en même temps que les services d'un jeune officier « distingué par son courage, par ses talents, par les nobles sentiments qui l'animaient », le souvenir de l'ancien « commandant pour le Roi des îles Saint-Pierre et Miquelon » ; la faveur n'en fut pas moins lente à venir. On peut même affirmer qu'elle ne vint jamais. Châteauville était destiné à conquérir tous ses grades à la pointe de l'épée. Lieutenant de vaisseau du 21 juillet 1811, il ne fut nommé capitaine de frégate que le 17 août 1822. Il avait alors près de quarante-sept ans et comptait déjà sur les bâtiments de l'État vingt-six années de service.

Les années de paix ont été cependant pour ce singulier privilégié presque aussi actives que les années de guerre : on remarque à peine quelques jours d'intervalle entre ses nombreux embarquements. Les capitaines qui se disputent son concours ne veulent tenir compte ni des affections de famille auxquelles il se devrait, ni de l'état chancelant d'une santé qui ne fut jamais complétement rétablie. Du 1er septembre 1814 au 19 avril 1815, le capitaine Philibert, en station sur la rade de l'île d'Aix, l'a gardé à bord de la frégate *l'Amphitrite;* du 25 août 1815 au 8 novembre 1817, M. de Moncabrié l'emmène sur la frégate *la Galatée,* dans cet archipel grec étonné de revoir le vieux pavillon sous lequel les Chré-

tiens se sont si longtemps abrités ; l'*Émulation,* où il est d'a-
bord embarqué le 6 mars 1819 en qualité de second, et dont
il finit par rester, le 29 octobre de cette même année, le
commandant, le rapporte encore une fois des côtes d'Espagne et de France dans les mers du Levant. L'insurrection
hellénique, déjà frémissante, fera bientôt de ces riants
parages, au grand avantage de notre instruction nautique, le
rendez-vous général de la marine française. Châteauville en
revient le 20 mars 1822. Après s'être attiré par la fermeté
de son attitude, sur les côtes de Naples et du Piémont, la
haute estime du contre-amiral Jacob, il a mérité, par la prudence habile de sa conduite, au cours des événements qui
signalèrent la première explosion de la guerre de l'indépendance, les chaleureux éloges du contre-amiral Halgan. Il lui
faut ainsi tour à tour combattre la Révolution quand elle
s'attaque aux rois, et la favoriser secrètement lorsqu'elle
s'adresse aux Turcs. Il s'acquitte de sa double tâche avec le
même sang-froid. Son rôle n'est pas de discuter les ordres
de ses chefs ; il ne s'occupe que d'en assurer l'exécution.
Pour son cœur catholique, d'ailleurs, les Chrétiens insurgés
contre le Croissant ne seront jamais, quoi qu'ils fassent, des
rebelles.

Il n'en est pas de même des révolutionnaires espagnols.
Ceux-là tendent, par delà les monts, la main aux conspira-
teurs français : Châteauville n'hésitera pas à les traiter en
ennemis. Le maréchal Moncey, duc de Conegliano, commandant du 4e corps, manœuvrant en Catalogne, demande pour
le seconder dans ses opérations un officier détaché du service
de la flotte. Sur la désignation du vice-amiral comte de Mis-
siessy, commandant de la marine à Toulon, le marquis de
Clermont-Tonnerre, ministre de la marine et des colonies,
envoie au maréchal, le 23 avril 1823, le capitaine de frégate

Buchet de Châteauville. Pas un instant à perdre, car l'armée marche vite. Châteauville ne s'attarde pas à faire définir sa position, à faire régler ses émoluments. Il rejoint le quartier général du maréchal à Girone, sans chevaux, sans domestique, sans rations, sans logement, sac sur le dos, comme un simple fantassin. Mais aussi, le 12 mai, il a la satisfaction de pouvoir écrire : « Nous sommes maîtres de Palamos depuis le 11. Dans peu de jours, nous marcherons en avant pour nous rendre sous les murs de Barcelone. Le maréchal me garde près de lui. Il m'a donné à entendre que je lui serais particulièrement utile à Barcelone. Mina est cerné de toutes parts et on espère le prendre. Le fort de Figuières tient toujours : il est commandé par Michel, frère du ministre. Le duc d'Angoulême est bien près de Madrid, s'il n'y est pas encore entré. »

La campagne de 1823, on ne saurait l'avoir oublié, ne fut qu'une marche triomphale. Nous ne naviguions pas alors, comme en 1808, à contre-courant ; le peuple espagnol nous ouvrait les bras ; il nous reçut en libérateurs, car il tenait encore à « ces hideuses institutions » dont Napoléon, à Sainte-Hélène, se faisait gloire d'avoir voulu le délivrer. En toute chose il faut savoir choisir son moment. C'est ce que ne fit pas toujours le grand Empereur.

Le 5 décembre 1823, le maréchal Moncey rentrait à Perpignan, revenant d'Espagne. Un de ses premiers soins fut de demander pour Châteauville la croix d'officier de la Légion d'honneur. « Châteauville avait, disait-il, contribué de la façon la plus efficace à la prise des îles Medas », deux rochers fortifiés situés à l'entrée du golfe de Rosas. Je le crois sans peine : ce n'est certes pas Châteauville qui manquerait aux occasions. Malheureusement les occasions pourront lui manquer. Elles sont, depuis 1814, devenues rares :

on n'est plus sous l'Empire ; la guerre a cessé d'être l'état normal. Comment un Suffren, un Duquesne, un Tourville, se seraient-ils distingués, du mois de décembre 1823 au mois d'octobre 1827? Leur eût-on donné, comme à Châteauville, au sortir des fonctions de lieutenant en pied sur une frégate, — la frégate *la Galatée*, capitaine Drouault, — une corvette de charge, — *l'Égérie*, — ou une corvette de guerre, — *l'Écho*, — à commander, je me demande de quelle façon ils auraient pu s'y prendre pour faire parler d'eux. Châteauville néanmoins sut, en ces jours si ternes, montrer encore à tous de quel sang il sortait et sous quels vaillants maîtres il avait appris son métier.

Le canon de Navarin venait de parler; il obligeait l'Europe à prendre son parti et à commencer de ses propres mains la démolition de la citadelle opposée jusque-là au patient cheminement de la Russie. Tout était sympathie, enthousiasme, pour la patrie de Platon et d'Homère; tout conspirait à imposer aux Turcs la clémence et l'humanité. Ibrahim et Reschid ont cependant lâché encore une fois leurs Albanais sur le Péloponèse. Trois cents captifs vont passer de la Morée en Roumélie. Châteauville, en croisière dans le golfe de Patras, commandait en ce moment la petite corvette à gaillards de dix-huit caronades, *l'Écho*. Chevalier errant plein de bonnes intentions, mais chevalier s'il en fut jamais, armé à la légère, il ne s'en croit pas moins tenu de prendre en main la cause des affligés. Ses observations, ses sommations au gouverneur ottoman de Lépante, sont accueillies par le plus complet dédain. Entre les captifs dont il réclame la délivrance et la corvette qui se met rapidement en branle-bas de combat, il y a deux forteresses dont le canon tint jadis des flottes en échec. Châteauville ne balance pourtant pas une minute. Il fond sur la passe ouverte devant lui, aussi

impétueux que don Quichotte, aussi ferme que don Juan
d'Autriche. D'une rive à l'autre le canon tonne, les boulets
fendent l'air : la corvette a passé impunie; elle a bravé le
feu des petites Dardanelles. Justement fière de son succès,
se gardant bien de ralentir son élan, elle va jeter l'ancre tout
au fond du golfe de Corinthe. C'est là qu'une colonne d'Albanais musulmans préparait l'embarquement des prisonniers. L'arrivée inattendue de l'*Écho* déconcerte les Turcs
et rend la liberté aux Grecs.

Les petites Dardanelles s'étaient promis de prendre leur
revanche. Elles attendaient l'*Écho* à la sortie du golfe. Le
feu du château de Morée et du château de Roumélie ne fut
pas, le 25 juillet, plus efficace qu'il ne l'avait été le 12. Châteauville, pour la seconde fois, affronta sans danger et sans
crainte la colère des pachas, confus de ne pouvoir à eux deux
défendre ce goulet large d'un mille à peine. La réputation
des deux fameux châteaux était à jamais perdue.

L'amiral de Rigny, bon juge en fait d'audace, bon juge
aussi en fait de chevalerie, ne marchanda pas au commandant de Châteauville ses éloges. Il mit le capitaine, les officiers et l'équipage de l'*Écho* à l'ordre du jour de l'escadre.
Ce fait d'armes — car c'en était un — aurait probablement
valu au commandant de Châteauville un avancement depuis
longtemps mérité : le ministre, par une inspiration heureuse,
avait pris les devants. Châteauville était capitaine de vaisseau depuis le 29 juillet 1828.

Ce fut entouré de cette auréole que, le 18 mars 1829, le
nouveau commandant de l'*Orion* nous apparut. Jusque-là
nous avions été confiés à la direction d'un commandant provisoire, du capitaine de frégate Hugot-Derville. Quand Châteauville fut choisi par le ministre pour commander le vaisseau-
école des aspirants, il entrait dans sa cinquante-quatrième

année. Nestor en personne ne nous aurait pas imposé davantage. A cinquante-quatre ans, on est inévitablement pour des aspirants un objet de dédain ou un personnage vénérable. Il n'y a pas de milieu. Que de fois m'est-il arrivé, en contemplant les cheveux grisonnants d'un officier de la *Ville de Marseille,* officier qui ne devait guère avoir dépassé la trentaine, de me dire avec un soupir : « Je serai pourtant comme cela un jour! » Heureusement pour le commandant de Châteauville, ce ne fut pas le dédain, ce fut la vénération qu'il nous inspira. Aussi eut-il un règne bienfaisant et facile. A cinquante-neuf ans de distance, j'éprouve encore je ne sais quelle douceur à lui rendre un respectueux hommage.

Le Tage vit le commandant de la *Didon* aussi calme devant les batteries de Belem et de Saint-Julien que l'avait été le commandant de l'*Écho* sous le feu des citadelles du golfe de Patras. Le contre-amiral Hugon s'en souvint, et quand, le 12 novembre 1832, il fut appelé au commandement de la division du Levant, il ne crut pouvoir mieux faire que de confier la défense du drapeau qu'il allait arborer au mât d'artimon de l'*Iphigénie,* à cet officier blanchi comme lui sous le harnais de guerre, à ce capitaine de vaisseau qui aurait pu être son émule, son rival, et qui consentait à n'être que son capitaine de pavillon. La campagne de l'*Iphigénie* faillit être brillante; sans la sagesse des Russes, le passage des Dardanelles était forcé. Au bout de deux ans consumés à raffermir sur sa base toujours chancelante ce petit État de Grèce, plus difficile encore à maintenir qu'à fonder, l'*Iphigénie* revenait désarmer à Toulon.

Châteauville n'attendit pas le grade de contre-amiral, si difficile d'ailleurs alors à obtenir, avant que la loi sur la limite d'âge mît les hauts grades en coupe réglée : avec sa haute raison et son honnête conscience, il jugea sa tâche terminée. Le 20 février 1834, il adressait la lettre suivante à l'amiral Hugon : « Amiral, mon temps est passé, mon ambition s'est pleinement satisfaite, ayant été assez heureux de pouvoir consacrer quarante années de mon existence à mon pays. Je suis entré au service sans fortune ; j'en sortirai de même et avec honneur. Recevez, amiral, l'expression de ma sincère gratitude pour tout ce que vous avez fait pour moi. Ajoutez, je vous prie, à vos bontés, celle de me faire remplacer dans le commandement de l'*Iphigénie* et de m'admettre à faire valoir mes droits à la retraite. »

Nous entendons aussi de nos jours de nobles accents, mais pas ceux-là ! Ce n'est plus du tout le même ton. Un officier de 1812 enté sur un chevalier chrétien, quelle belle chose ! Que la gloire elle-même semble mesquine à côté de cette vertueuse carrière parcourue à travers les révolutions par un preux vraiment digne des anciens jours ! Honneur à Suffren sans doute ; honneur à Duperré, à Bouvet, à Baudin, à Roussin, mais honneur aussi à Châteauville !

MAILLARD DE LISCOURT.

Fils, petit-fils et neveu de chevaliers de Saint-Louis, Charles-Louis Maillard de Liscourt naquit le 26 août 1779 à Langres. Son père, Charles-François, était officier au régiment de Bresse; sa mère, Stanislas-Gabrielle-Eugénie, était une demoiselle Lallemant. Son oncle, M. Clément de Ris, devint, sous l'Empire, sénateur.

Ondoyé le 26 août 1779, baptisé le 5 septembre 1782 par M. Masson, curé de Saint-Pierre de Langres, Louis-Charles Maillard de Liscourt eut pour parrain Claude Frécard, vigneron, et pour marraine Denise Normand, servante de son père, « laquelle déclara ne savoir signer ». En 1789, il entra « comme élève du Roy », à l'école royale et militaire de Pont-à-Mousson : il en sortit en 1793, époque où l'école fut licenciée. Dès l'année 1794, le 27 septembre, il commence à naviguer, en qualité de novice, sur les bâtiments de l'État. La période d'apprentissage fut moins longue pour lui que pour nombre de ses camarades, privés du précieux avantage de cette éducation libérale qu'il devait aux bontés du gouvernement déchu. Le 26 février 1796, il est aspirant de troisième classe, aspirant de seconde le 8 janvier 1797, enseigne auxiliaire le 21 mars 1800, aspirant de première classe le 26 mars 1802, enseigne entretenu enfin le 1er avril 1803. Le plus rude est fait; il a fallu près de neuf années pour arriver du gaillard d'avant au gaillard d'arrière. Nous n'apprécions pas à leur juste valeur les bienfaits de ces commencements faciles que nous assure l'admission aux écoles de l'État. Que d'énergie, que de patience durent dépenser nos pères, que d'épreuves il leur fallut traverser pour conquérir l'épaulette que nous obtînmes au prix d'un bien léger effort de travail et de deux ou trois campagnes sans incidents !

Embarqué, du 27 septembre 1794 au 29 février 1796, sur le vaisseau *l'Aquilon*, — commandant Laterre ; — du 29 février au 24 avril 1796, sur la corvette *la Brune*, — commandant Denieport ; — du 25 avril au 25 octobre 1796, sur le brick *le Hasard*, — commandant Bassière ; — du 6 novembre 1796 au 8 janvier 1797, sur la canonnière *l'Urne*, — commandant Lignon, — Maillard Liscourt retrouve, le 9 janvier 1797, son ancien chef, le capitaine Denieport, toujours en possession du commandement de la corvette *la Brune*. Il reste sous ses ordres jusqu'au 2 août 1798, passe ensuite successivement sur deux goëlettes, — *la Nymphe*, capitaine Louche, et *la Cybèle*, capitaine Guine. La *Cybèle* capture dans les eaux de Corfou un navire de commerce, *la Bonne Union* : Maillard Liscourt est investi du soin de conduire cette prise à Corfou. Il parvient à gagner le port, malgré la surveillance étroite qu'exercent devant la place bloquée les frégates russes et les frégates turques.

Le 22 novembre 1798, il est embarqué sur le vaisseau *le Généreux*, que commande le capitaine Le Joille, échappé au désastre d'Aboukir[1]. Le 6 août 1799, il passe du *Généreux*, veuf de son glorieux capitaine, emporté par un boulet

---

[1] Voyez dans l'ouvrage intitulé : *Guerres maritimes sous la République et l'Empire*, t. Ier, p. 235, — la prise du vaisseau anglais *le Leander* par le capitaine Le Joille, commandant le *Généreux*.

sous les murs du fort de Brindisi, à bord du brick *le Lodi*, commandé par le capitaine Thévenard. Le brick *le Lodi* est expédié en Égypte. Arrivé devant Damiette le 23 février 1800, le capitaine Thévenard charge l'enseigne de vaisseau auxiliaire Maillard Liscourt de porter au général Kléber les dépêches du premier Consul. La mission est aussi importante que périlleuse : Maillard Liscourt l'accomplit avec un complet succès.

La croisière ennemie cependant a été mise en éveil : le retour à bord du *Lodi* devient impossible. Du 21 mars 1800 au 7 août 1801, Maillard Liscourt commande la felouque *le Nil*, le chebeck *le Matarieh*, l'aviso *la Milanaise*, la canonnière *la Bresciane :* la capitulation du général Menou lui rouvre enfin le chemin de la France. Licencié comme tous les officiers non entretenus, il ne doit qu'à sa bonne réputation d'être réintégré, avec le grade d'enseigne, dans les cadres de la marine. Il a eu, on en conviendra, le temps d'apprendre à fond son métier. Sur le vaisseau *le Formidable,* que monte la contre-amiral Dumanoir, il prend part à l'expédition de Saint-Domingue. Sur le brick *le Saint-Philippe*, capitaine Raccord; sur la goëlette *la Goze*, capitaine Landry; sur la corvette *le Mohawk*, capitaine Ganteaume; sur la frégate *l'Uranie*, capitaine Maistral, il croise, du 12 décembre 1802 au 15 février 1805, dans la Méditerranée. La frégate *l'Hermione,* capitaine Mahé, le conduit, avec l'amiral Villeneuve, aux Antilles, le fait assister, le 21 octobre 1805, au combat de Trafalgar et le promène ensuite, pendant toute une année, — l'année 1807, — des côtes du Brésil aux côtes de la Guyane française. Le 17 août 1808, il quitte l'*Hermione* à bout de forces, pour le vaisseau *l'Ulysse*, capitaine Delarue. Une fois embarqué sur un vaisseau de ligne, il ne fallait plus songer aux aventures. L'armement de nos vaisseaux n'avait pas d'autre but que de fatiguer les vaisseaux anglais. Nous les fatiguâmes; nous ne parvînmes pas à les lasser.

Sur l'*Ulysse*, Maillard Liscourt n'aurait pas quitté la rade de Brest. Son insistance, le puissant patronage de son oncle, le sénateur Clément de Ris, lui obtinrent, le 1er mars 1809, le commandement du brick *le Basque*. Mieux vaudrait parfois que les ministres restassent sourds à nos vœux! Le sort, quand on l'importune, ne résiste pas toujours au plaisir de se venger. Le commandement du *Basque* ne fut pour Maillard de Liscourt qu'un acheminement à la captivité. Le malheureux brick avait gagné sans encombre la Guadeloupe. Le 1er et le 11 novembre 1809, il soutient au mouillage deux combats contre cinq péniches anglaises. La double attaque est victorieusement repoussée. L'ennemi se retire après avoir eu soixante hommes tués ou blessés : il laisse entre nos mains vingt et un prisonniers, dont deux officiers. Il ne devait pas, hélas! tarder bien longtemps à prendre sa revanche. La frégate *le Druide* capture le 13 novembre, à la mer, le vaillant petit brick que les embarcations de l'escadre de blocus n'ont pu enlever. Le *Basque* a du moins honoré par une résistance opiniâtre sa défaite. Sur quatre-vingt-deux hommes dont se compose son équipage, il en a perdu vingt-trois.

La funeste nouvelle ne fut connue qu'au bout de quatre ou cinq mois à Paris : le 6 avril 1810, le ministère en attendait encore la confirmation. Un oncle du commandant du *Basque*, le colonel en retraite Maillard, fut peut-être le premier à faire partager ses inquiétudes à l'amiral Decrès. « J'aime mon neveu, écrivait le brave colonel au directeur du personnel, M. Forestier. Hier, étant dans une société, j'entendis dire que plusieurs officiers de marine assuraient qu'il avait été fait prisonnier par les Anglais. Dimanche dernier, M. le sénateur Clément m'avait demandé si j'en avais des nouvelles ; je répondis que je n'en avais pas. Était-il instruit du triste événement? C'est ce que je ne peux dire. Je ne veux pas retourner chez lui pour éclaircir ce point, parce que je le crois occupé du mariage de son fils Émile. Comme j'habite une campagne éloignée pour laquelle je pars en ce moment, permettez que je vous demande de vouloir bien dire ou faire dire, par le garçon de bureau qui vous remettra la présente, ce que vous savez et ce que vous pouvez dire sur le compte de mon neveu. »

Toute une génération a vieilli dans ces transes, dans ces anxiétés perpétuelles. La nature humaine, par bonheur, s'habitue à tout. On s'aimait, on se mariait, on avait des enfants, sous la République et sous l'Empire, aussi bien qu'aux époques les plus pacifiques de notre histoire. Ni la guerre, ni les échafauds de 93 n'ont eu le don de ralentir la natalité. J'ai rencontré, il n'y a pas longtemps, des gens venus au monde sous le règne de Robespierre : j'avais la naïveté de m'en étonner.

Maillard de Liscourt resta en Angleterre jusqu'à la paix. Il avait perdu un brick de l'Empire : ce fut la Restauration qui, le 26 juin 1814, donna l'ordre de le faire comparaître devant un conseil de guerre. Il en sortit, le 1er août, honorablement acquitté par un vote unanime. Le contre-amiral Lacrosse, président, le félicita, et le Roi, sur la proposition du vicomte Dubouchage, lui conféra la croix de chevalier de la Légion d'honneur. Quant au grade de capitaine de frégate, Maillard de Liscourt l'attendit jusqu'au 1er septembre 1819.

L'armée et la marine payaient cher nos revers ; elles expiaient surtout l'affreuse pénurie de nos finances. L'avancement, à part quelques exceptions heureuses, fut pendant dix ou douze ans d'une lenteur à désespérer les plus résignés. Il n'y eut qu'une compensation à ce lamentable état de choses. Plus les grades étaient rares, plus ils avaient d'éclat. Un lieutenant de vaisseau, décoré de la croix de Saint-Louis, jouissait assurément, il y a soixante ou quatre-vingts ans, dans nos ports, de plus de considération que n'en possède aujourd'hui à Paris un maréchal de France. La croix de Saint-Louis! Maillard de Liscourt l'obtint le 26 avril 1818. Il fut le quatrième chevalier de la famille.

Si honorables qu'aient été ses services pendant la longue période de paix que nous assurèrent la sagesse des gouvernements et la lassitude des peuples, je ne m'y appesantirai pas. Je me contenterai de mentionner le commandement : de la goëlette *la Biche*, dans les mers du Levant et dans les eaux du Bosphore, du 4 janvier 1815 au 9 novembre 1817; du vaisseau *le Breslau*, du 24 juin au 14 septembre 1821; de la flûte *la Bonite*, du 20 novembre 1821 au 16 novembre 1823; de la frégate *la Galatée*, du 21 juillet 1825 au 5 octobre 1826; du vaisseau *le Breslau* encore, du 21 juillet 1825 au 5 octobre 1826; puis du 6 février 1828 au 21 septembre 1830; enfin du vaisseau *le Marengo*, le 1er février 1831, commandement couronné par la glorieuse expédition du Tage.

J'ai raconté le rôle capital que cette expédition réservait au commandant du *Marengo*, chef de file de l'armée, chargé de la conduire dans les passes épineuses du Tage. Capitaine de vaisseau depuis le 4 août 1824, Maillard de Liscourt eût dû à tous les titres être, à l'issue de cette rapide campagne, promu au grade de contre-amiral. On crut le récompenser suffisamment en le nommant commandeur de la Légion d'honneur. Ce n'était ni marin, ni juste.

TABLE DES MATIÈRES

18

APPENDICE

PARIS. — TYPOGRAPHIE E. PLON, NOURRIT ET Cⁱᵉ, RUE GARANCIÈRE, 8.

LIBERTÉ.   ÉGALITÉ.

De la République française

le 4 flréal an 10

Le Contre-Amiral Ganteaume, Conseiller d'État,

...

adieu, mon ami, je te salue
et t'embrasse   Ganteaume

Cette lettre, intime et confidentielle, n'offrait point assez d'intérêt pour être reproduite. Nous n'avons voulu que montrer le culte enthousiaste déjà professé, au retour d'Égypte, pour le général Bonaparte, et offrir en même temps un spécimen de l'écriture du contre-amiral Ganteaume.

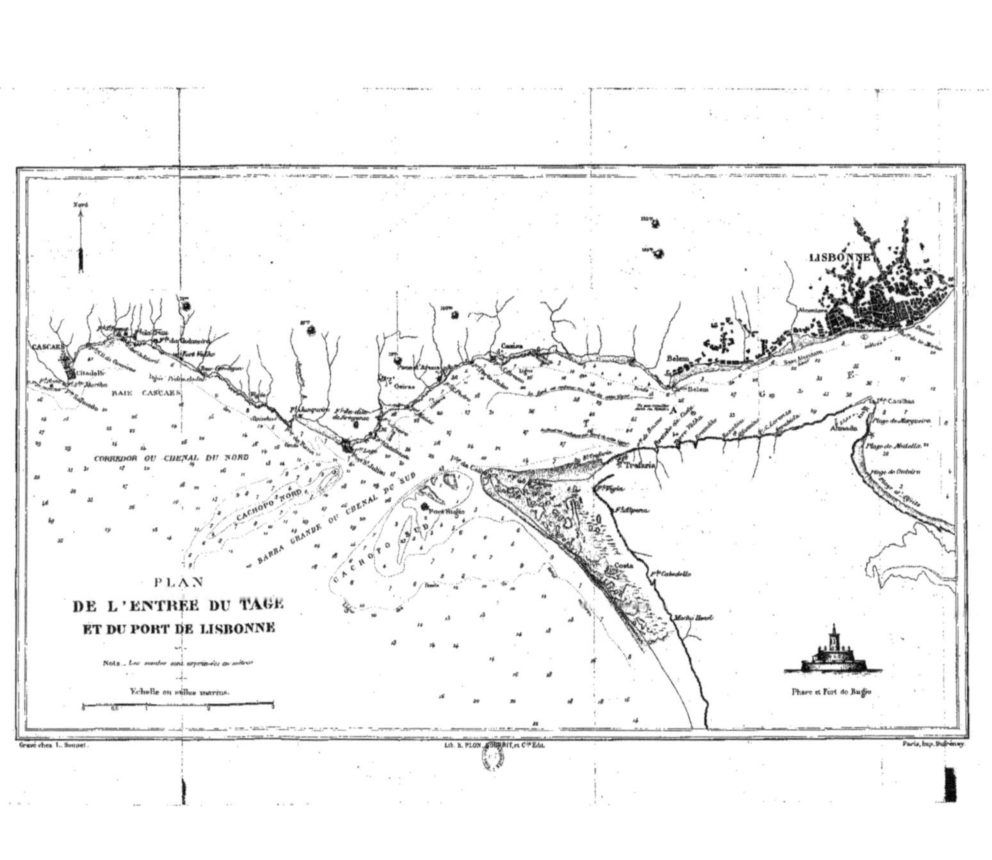

Nord
LISBONNE
CASCAES
Citadelle
BAIE CASCAES
CORREDOR OU CHENAL DU NORD
CACHOPO NORD
BARRA GRANDE OU CHENAL DU SUD
CACHOPO SUD
Belem
Trafaria
Costa
Phare et Fort de Bugio
PLAN
DE L'ENTRÉE DU TAGE
ET DU PORT DE LISBONNE
Nota — Les sondes sont exprimées en mètres.
Echelle en milles marins.
Gravé chez L. Bonnet.
Lib. E. PLON, NOURRIT, et Cie Edit.
Paris, Imp. Dufrénoy.

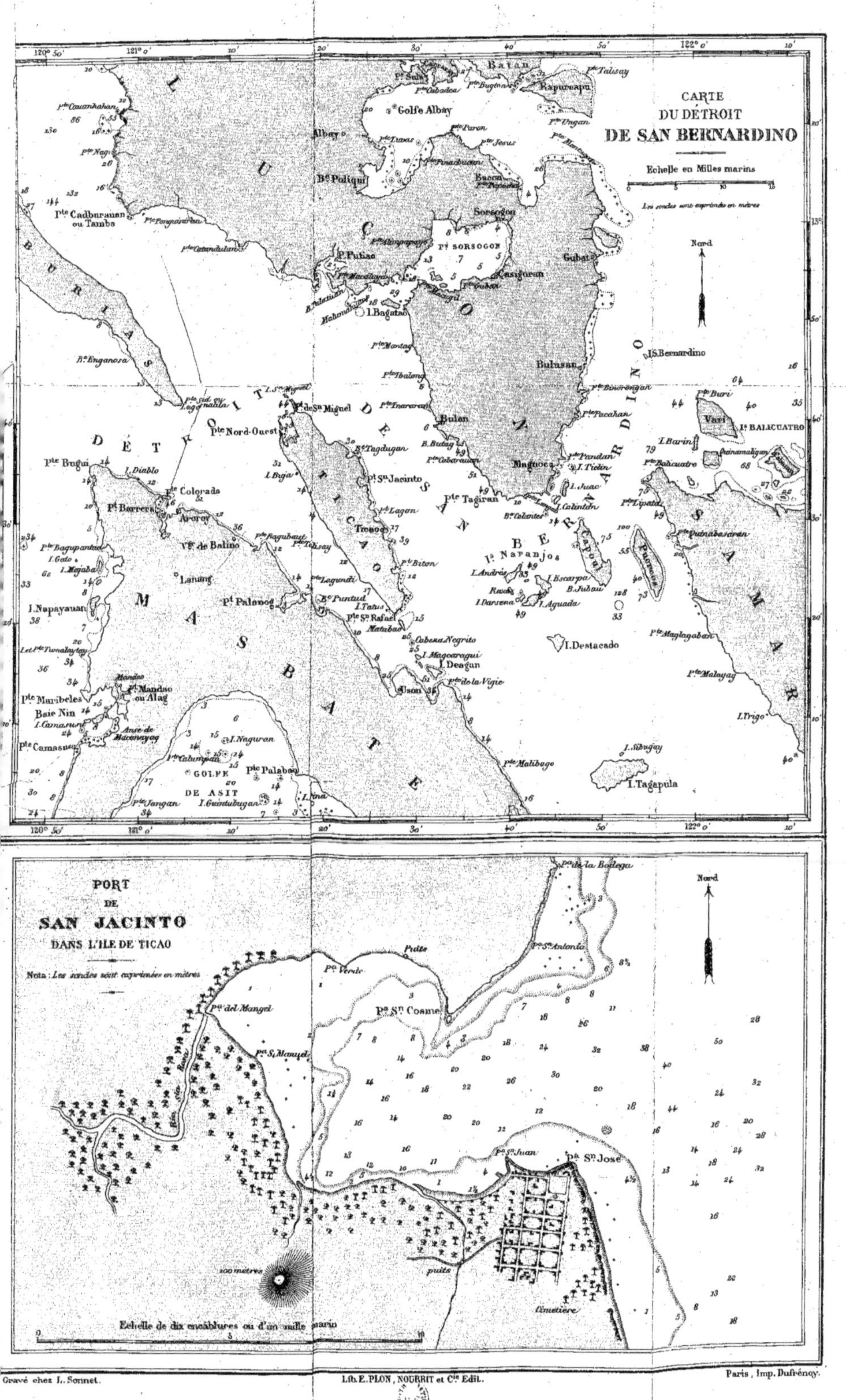

CARTE
DU DÉTROIT
DE SAN BERNARDINO
Echelle en Milles marins
Les sondes sont exprimées en mètres
Nord
LUÇON
Golfe Albay
Albay
Bº Poliqui
Sorsogon
Pº SORSOGON
P. Putiao
Casiguran
Gubat
Bulusan
Bulan
Nagnoca
Pte Cadbaranan ou Tamba
BURIAS
DÉTROIT
Pte Nord-Ouest
Pt de Sn Miguel
Pt Bugui
I. Diablo
Colorada
Pt Barrera
Araroy
Vᵉ de Balino
Lalung
Pt Palanog
MASBATE
I. Napayauan
Pte Maribeles
Baie Nin
I. Camasune
Pte Camasusa
GOLFE
DE ASIT
DE TICAO
Sn Jacinto
Treno
Bº Puntud
Pt Tatus
Pte Sn Rafael
Matabao
Cabeza Negrito
Magoaragui
I. Deagan
Uson
Pte de la Vigie
Pt Tagiran
Iᵃ Naranjos
I. Andrés
I. Escarpa
I. Darsena
I. Aguada
I. Destacado
SAN BERNARDINO
I.S.Bernardino
Iᵗ BALACUATRO
Vari
SAMAR
Pte Malibago
I. Sibuyay
I. Tagapula
I. Trigo

120° 50'   121° o'   122° o'

PORT
DE
SAN JACINTO
DANS L'ILE DE TICAO
Nota : Les sondes sont exprimées en mètres
Nord
Pte de la Bodega
Pº Sn Antonio
Pte del Mangel
Pte Verde
Pª Sn Cosme
Pte Sn Manuel
Pª Sn Juan
Pª Sn José
puits
cimetière
100 mètres
Echelle de dix encâblures ou d'un mille marin

Gravé chez L. Sonnet.
Lith. E. PLON, NOURRIT et Cⁱᵉ Edit.
Paris, Imp. Dufrénoy.

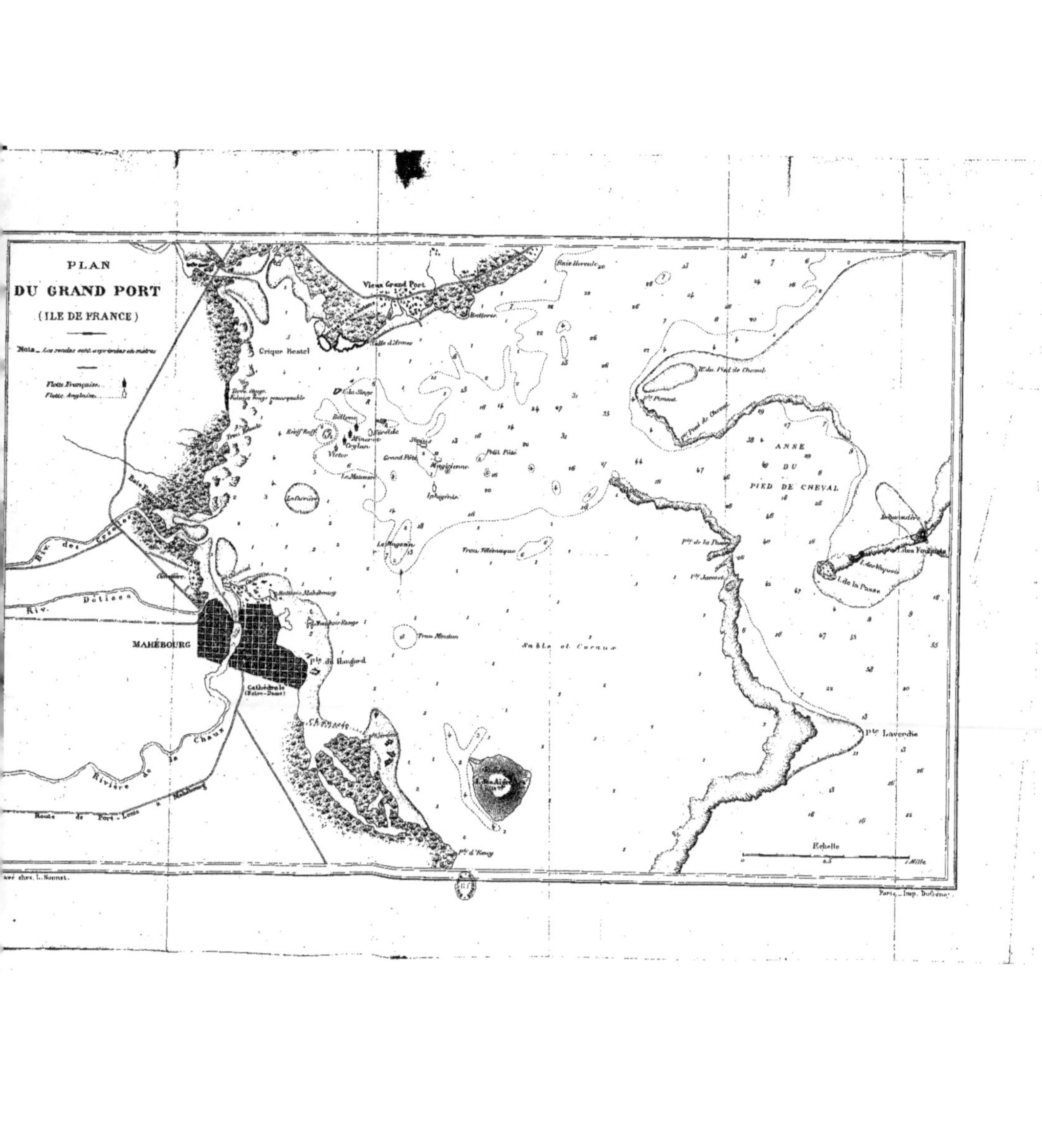

PLAN
DU GRAND PORT
(ILE DE FRANCE)
Nota — Les sondes sont exprimées en mètres
Flotte Française
Flotte Anglaise
Vieux Grand Port
Batterie
Ville d'Arme
Crique Bestel
Terre rouge
Falaise rouge remarquable
Ilot Singe
Bellone
Tron Boule
Récif Ruff
Néréide
Minerve
Ceylan
Victor
Grand Port
Magicienne
Sirius
Petit Pâté
Les Maturins
Iphigénie
La Fourrière
Le Pinguin
Tron Fétéanyane
Bois Hercule
Ilot du Pied de Cheval
Pte Pinaud
Pont de Dunes
ANSE
DU
PIED DE CHEVAL
Le Douanière
I. des Fouquets
Pte de la Passe
I. des Fouquets
Pte Jacotet
I. de la Passe
Sable et Cornue
Tron Mordan
Pte Laverdie
MAHÉBOURG
Rivière des Créoles
Cimetière
Batterie Mahébourg
Bassin Rouge
Pte du Langford
Cathédrale (Notre-Dame)
Chenal
Rivière la Chaux
Route de Port-Louis
Ilot d'Envy
Echelle
1 Mille
gravé chez L. Sonnet
Paris — Imp. Dufréne